Für Hannah

W0040104

MATERIALIEN ZUR GEMEINDEARBEIT

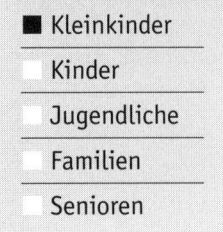

■ Kleinkinder
Kinder
Jugendliche
Familien
Senioren

Bibliographische Information Der Deutschen Bibliothek

Die Deutsche Bibliothek verzeichnet diese Publikation in der
Deutschen Nationalbibliografie; detaillierte bibliografische Daten
sind im Internet über http://dnb.ddb.de abrufbar.

© 2005 Verlag Junge Gemeinde, Leinfelden-Echterdingen
und Verlag Katholisches Bibelwerk GmbH, Stuttgart
1. Auflage
Umschlag, Typografie und Herstellung:
Dieter Kani, Stuttgart
Illustrationen: Dorothea Layer-Stahl
Druck und Bindearbeiten:
fgb freiburger graphische betriebe, Freiburg i.Br.

ISBN 3-7797-0456-0 (Verlag Junge Gemeinde)
ISBN 3-460-25008-9 (Verlag Kath. Bibelwerk)

Ute Reckzeh

Wir feiern, lieber Gott, mit dir

Kurzgottesdienste für Kleinkinder

Verlag
Junge Gemeinde

Verlag
Katholisches Bibelwerk

Inhalt

Abkürzungen:

LJ = Liederbuch für die Jugend, Gütersloher Verlagshaus, Gütersloh
SL = Schwerter Liederbuch »Singt dem Herrn«, Verlag BDKJ, Paderborn

Mini-Gute-Nacht-Kirche

Für die ganz Kleinen
(bis 6 Jahre)

Wann: ....

Wo: ....

Was: Singen,
Geschichten hören, beten,
Segen erfahren

Wie lange:
ca. 20 Minuten

Wir freuen uns auf euch!

Einführung

Die Idee

Vor einigen Jahren ist in vielen Kirchengemeinden eine Gottesdienstform mit dem Namen »Krabbelgottesdienst« entstanden. Wie der Name deutlich macht, sollen bereits die Kleinsten ungefähr ab dem Krabbelalter mit ihren Eltern angesprochen werden. Diese Gottesdienste werden in den unterschiedlichsten Formen und zu den verschiedensten Tages- und Wochenzeiten angeboten. Meist wird alle drei Monate, also in größeren Abständen, ein solcher Gottesdienst gefeiert, der von einem Team von Müttern und unterstützt von einer Fachfrau (Pastorin, Diakonin, Pastoral- oder Gemeindereferentin) vorbereitet wird. Oft sind diese Gottesdienste am Nachmittag und orientieren sich an einem Thema des Kirchenjahres. Die Gemeinschaft unter den Feiernden wird häufig beim Kaffeetrinken fortgesetzt.

Wir möchten mit der »Mini-Gute-Nacht-Kirche« aus unserer Gemeinde ein ähnliches, aber doch etwas anderes Modell vorstellen. Die »Mini-Gute-Nacht-Kirche« begann im Sommer 2000 als ein Ferien-Projekt in der Kirchengemeinde Kellinghusen. Die Idee entstand eher in Anlehnung an die in manchen Urlaubsorten auf Campingplätzen bestehende Ferienkirche, in der am Abend die Kinder zu einer Gute-Nacht-Geschichte mit Gebet und Segen eingeladen werden.

Im Namen »Mini-Gute-Nacht-Kirche« steht das »Mini« für die Kleinen, aber auch für einen kurzen Gottesdienst. »Gute Nacht« weist darauf hin, dass wir uns abends treffen, und zwar in der Kirche und als Kirche. Die »Mini-Gute-Nacht-Kirche« ist ein Gottesdienst-Angebot für Kinder bis etwa zum Alter von sechs Jahren. Dieses Projekt findet immer nur in den Ferien statt, und zwar jeweils an einem Abend pro Woche um 18.00 Uhr für ca. 25 Minuten. Zunächst luden wir nur in den Sommerferien dazu ein, bald nahmen wir aufgrund der großen Nachfrage dann auch die Frühjahres- und Herbstferien dazu.

Die Resonanz ist sehr groß! Es kommen im Sommer im Schnitt 25 Kinder und dazu deren Eltern oder Großeltern. In den Herbstferien sind es bis zu 60 Kinder, was allerdings den Rahmen fast sprengt.

Von Anfang an ist der Ablauf der Gottesdienste mit seinen Liedern und Gebeten relativ gleich geblieben. Das Plakat (s. Vorlage linke Seite) mit dem großen Mond und den kleinen Sternen sieht auch immer noch genauso aus wie beim ersten Mal. Das ist bei der Plakatflut in einer Kirchengemeinde zur Wiedererkennung wichtig.

Zum Aufbau und Gebrauch des Buches

Im ersten Teil wird die Gesamtliturgie im Einzelnen beschrieben (s. Seite 9ff.). Für einen eigenen Gottesdienstzettel sind dort die Lieder und Gebete abgedruckt. Im zweiten Teil des Buches findet sich ein breites Spektrum an Geschichten, die jeweils im Mittelpunkt einer »Mini-Gute-Nacht-Kirche« standen. Am Anfang einer jeden Geschichte wird eine Übersicht über das benötigte Material gegeben. Wird eine Geschichte gespielt, dann kann der abgedruckte Text zur Aufführung direkt übernommen werden.

Am Schluss ist häufig eine Kopiervorlage für das Mitgebsel abgedruckt. Im Anhang des Buches finden Sie Bücher, aus denen Anregungen übernommen wurden, und eine Liste der Versandadressen für die Mitgebsel und das Material, das wir benutzen.

Dank

Ich möchte mich herzlich für die engagierte Mitarbeit bei den drei Frauen bedanken, die die »Mini-Gute-Nacht-Kirche« mit mir aufgebaut und die Gottesdienste durchgeführt haben. Mit Cristina Welzel habe ich die Idee »Mini-Gute-Nacht-Kirche« entwickelt und umgesetzt. Später kamen Anja Struckmann und Barbara Pyrsch zum Team dazu. Wir vier Frauen bringen drei verschiedene Muttersprachen und verschiedene religiöse Wurzeln mit. Alle haben durch ihre ganz eigenen kreativen Fähigkeiten und durch die Liebe zu Kindern dazu beigetragen, dass dieses Gottesdienstangebot so und nicht anders geworden ist.

Bedanken möchte ich mich auch bei den Freundinnen und Freunden, den Kolleginnen und Kollegen, die mir Einblick in ihre Arbeit mit Kindern und Kleinkindern und somit viele Anregungen gegeben haben: Dörte Gerkan, Gudrun Mawick, Marie-Luise Krüger und Jochem Westhof. Vieles davon ist in die Gestaltung der »Mini-Gute-Nacht-Kirche« und somit auch in dieses Buch eingeflossen.

Ute Reckzeh

Die Liturgie und die Gestaltung der »Mini-Gute-Nacht-Kirche«

Die Liturgie im Überblick

Glocken läuten
(Persönliche Begrüßung der ankommenden Kinder und Eltern am Eingang der Kirche und Verteilung des Gottesdienstzettels. Die Kinder und die Eltern nehmen vorn in der Kirche ihre Plätze ein (die Kinder auf den Sitzkissen und die Eltern auf den Stühlen.)

Orgelmusik

Begrüßung mit der Handpuppe oder einer anderen Identifikationsfigur

Begrüßungslied: »Jetzt sind wir bereit, geben uns die Hand ...« (s. Seite 10)

Gebet: »Wo ich gehe, wo ich stehe ...« (s. Seite 13)

Lied vor der Geschichte: »Wer lässt die Sterne strahlen ...« (s. Seite 11)

Geschichte

Eventuell eine kreative Umsetzung der Geschichte

Lied nach der Geschichte: »Atmen wir den frischen Wind« (s. Seite 12)

Kinder und Eltern bilden einen Kreis im Altarraum

Gute-Nacht-Lied: »Nun sagen wir euch allen gute Nacht« (s. Seite 12)

Gebet zur Guten Nacht (s. Seite 13)

Segen zum Mitmachen (s. Seite 13)

Danach wird das »Mitgebsel» an die Kinder verteilt.

Der Ablauf

In der Gestaltung des Gesamtablaufs orientieren wir uns an der Erkenntnis, dass Kinder (und auch Erwachsene) Rituale brauchen. Rituale sind wiederkehrende Formen, die Halt geben und damit auch Angst nehmen. Dies ist insbesondere bei der »Mini-Gute-Nacht-Kirche« wichtig, da sie nicht regelmäßig, sondern immer nur einmal pro Woche in den Schulferien stattfindet. Während der Schulzeit ist dann wieder eine längere Pause bis es in den nächsten Ferien weitergeht. So gibt es jedes Mal den eben vorgestellten festen Ablauf mit gleichen Liedern, Gebeten und dem Segen zum Mitmachen. Die Geschichte, die im Mittelpunkt der »Mini-Gute-Nacht-Kirche« steht, ändert sich natürlich von Mal zu Mal. Der Ablauf wird auf einem Gottesdienstzettel am Eingang der Kirche an die Eltern verteilt (siehe oben »Die Liturgie im Überblick«) und kann mitgenommen werden, um mit den Kindern zu Hause die Gebete und Lieder zu wiederholen. Gleichzeitig verstehen wir dies auch als ein Angebot zur Mithilfe bei der religiösen Erziehung.

Gottesdienstzettel gestalten und verteilen.

Der Rahmen in der Kirche

Wir haben in unserer Kirche einen großen Altarraum, zu dem drei Stufen hinaufführen. Wenn die Kinder in die Kirche kommen, werden sie am Eingang begrüßt, und die Eltern erhalten den Gottesdienstzettel. Die Kinder setzen sich dann vor den Altarstufen auf Kissen, die dort für sie bereit liegen. Die Eltern nehmen in den ersten Stuhlreihen Platz. Die kleineren Kinder sitzen anfangs oft noch auf dem Schoß der Eltern, aber je älter sie werden und je gewohnter ihnen die »Mini-Gute-Nacht-Kirche« ist, desto mehr trauen sie sich, auch alleine zu sitzen.

Sitzkissen am Altar für die Kinder bereitlegen.

Schlusskreis im Altarraum

Zum Ende der »Mini-Gute-Nacht-Kirche« nehmen wir einen Ortswechsel vor und bilden im Altarraum alle einen großen Kreis um den Altar herum. Dort finden das Gute-Nacht-Lied, das Gute-Nacht-Gebet und der Abschlusssegen statt.

Die Handpuppe Lucy und die Kirchenmaus Fips

Eine Handpuppe begleitet die Kinder durch den Gottesdienst.

Wir haben drei von einer Mitarbeiterin selbst gefertigte Handpuppen: Lucy (mit den roten Haaren), Paul (mit der Mütze) und Charly (die Kleinste). Die Puppen werden gespielt, indem man sie über eine Hand gezogen hält, während die andere Hand mit einem längeren Draht den einen Arm der Puppe bewegt (etwa wie einige Puppen in der Sesamstraße, z.B. Bert).
Die Handpuppe Lucy (Anleitung zur Herstellung: Seite 116ff.) ist immer dabei und begrüßt die Kinder am Anfang. Danach kommt sie mit den Kindern ins Gespräch und nimmt dabei bereits Bezug auf das Thema, das später in der Geschichte auftaucht. Abschließend leitet Lucy zum ersten Lied über und reicht den Kindern – entsprechend dem Liedtext zur Begrüßung – die Hand. Manchmal übernimmt statt Lucy auch die Kirchenmaus Fips die Rolle, z.B. wenn wir innerhalb einer Kirchenpädagogik-Reihe mit den Kindern einzelne Stationen in der Kirche erkunden (s. Seite 36ff.).

Lieder

Im Ablauf unserer »Mini-Gute-Nacht-Kirche« gibt es vier Lieder, die entweder von einer kleinen Orgel oder am besten von einer Gitarre begleitet werden.

Das erste ist das **Begrüßungslied:** »Jetzt sind wir bereit …«

Jetzt sind wir bereit

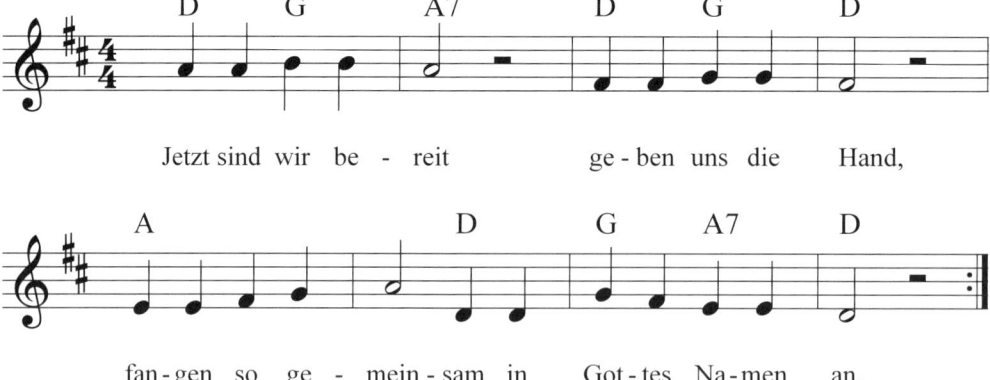

Der Rechteinhaber konnte nicht ermittelt werden. Die Rechte bleiben dennoch gewahrt.

Das Lied ist sozusagen als Erkennungslied immer dasselbe. Wenn wir es singen, wiederholen wir es so oft, bis die Handpuppe Lucy oder die Kirchenmaus Fips allen Kindern die Hand gegeben hat. Auch die Kinder geben einander die Hand. Bei diesem Begrüßungslied wird gleichzeitig theologisch deutlich, in wessen Namen wir zusammen sind, nämlich in Gottes Namen.

Die anderen drei Lieder sind zumindest während einer Ferienreihe auch immer dieselben. Ab und zu verändern wir in den folgenden Ferien mal eines der Lieder, aber auf keinen Fall mehr! Bei den Kleinen dauert es eine ganze Weile, bis die Lieder gelernt sind, die Wiederholung ist deshalb auch hier wichtig.

Bei uns haben sich eher kürzere und einfache Lieder bewährt, die von Bewegungen begleitet sind. Als zweites Lied folgt **vor der Geschichte:** »Wer lässt die Sterne strahlen ...«

Wer lässt die Sterne strahlen

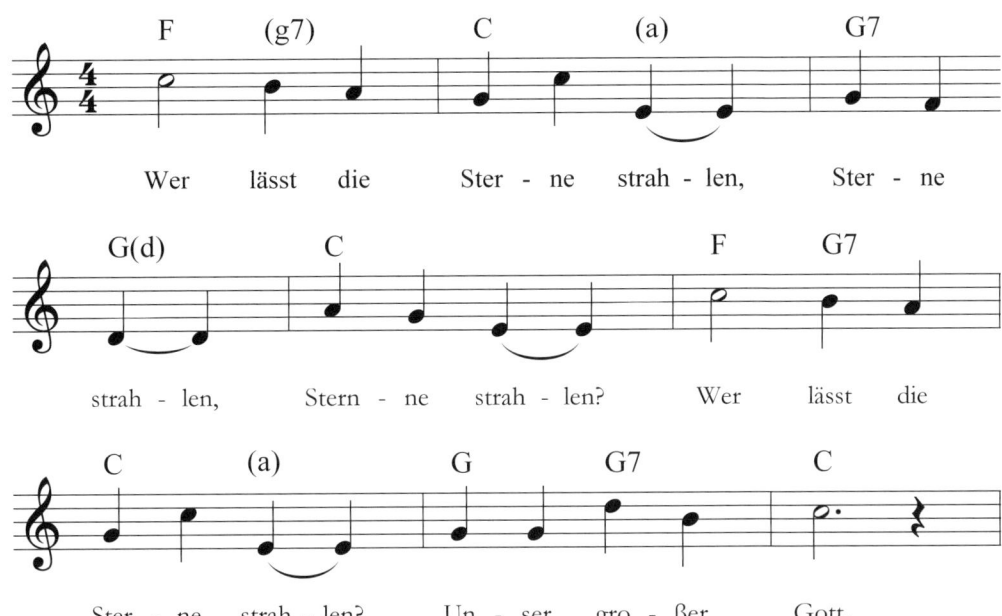

Der Rechteinhaber konnte nicht ermittelt werden. Die Rechte bleiben dennoch gewahrt.

2. Wer lässt die Blumen wachsen,
Blumen wachsen, Blumen wachsen?
Wer lässt die Blumen wachsen?
Unser großer Gott.

3. Wer lässt die Vögel fliegen,
Vögel fliegen, Vögel fliegen?
Wer lässt die Vögel fliegen?
Unser großer Gott.

4. Wer machte dich und mich,
dich und mich, dich und mich?
Wer machte dich und mich?
Unser großer Gott.

Gerne werden einfache Bewegungslieder verwendet.

Dazu können folgende Bewegungen gemacht werden:

Wer lässt die Sterne strahlen,
Sterne strahlen, Sterne strahlen?
Wer lässt die Sterne strahlen?
Unser großer Gott

Mit den Händen in die Luft blitzen. (wie »Sterne strahlen«)

Beide Arme nach oben strecken, dem großen Gott entgegen.

Auch die anderen Strophen werden mit ähnlich einfachen Bewegungen unterstützt.

Das dritte Lied, das immer **nach der Geschichte** gesungen wird, heißt: »Atmen wir den frischen Wind ...« (siehe nächste Seite oben).

11

Atmen wir den frischen Wind

At - men wir den fri - schen Wind,

spü - ren kann ihn je - des Kind!

Neu - e Kraft wird uns ge - ge - ben,

Got - tes Geist be - freit zum Le - ben!

Text: Eckart Bücken,
Musik: Reinhard Horn,
aus CD/Buch »Bibel-Hits«
© KONTAKTE Musikverlag,
59557 Lippstadt

Auch dazu können Bewegungen gemacht werden:

Atmen wir den frischen Wind,	*Mit den Armen und Händen Luft zur Nase bringen (Schöpfbewegung).*
spüren kann ihn jedes Kind!	*Mit den Händen sanft über die Oberarme reiben.*
Neue Kraft wird uns gegeben,	*Beide Arme zeigen Bizeps.*
Gottes Geist befreit zum Leben!	*Beide Arme nach oben strecken.*

Danach findet ein Ortswechsel statt, und alle Anwesenden bilden im Altarraum einen großen Kreis für die Abschlussrunde, die mit dem **Gute-Nacht-Lied** eingeläutet wird: »Nun sagen wir euch allen gute Nacht …«

Nun sagen wir euch allen gute Nacht

Nun sa - gen wir euch al - len gu - te Nacht. Dann

wer - den uns - re Lich - ter aus - ge - macht.

2. Nun legen wir uns schlafen, 's ist schon spät.
Der Himmel ist mit Sternen ganz übersät.

3. So sagen wir euch allen gut Nacht,
und bitten, dass uns Gott auch heut' bewacht.
(Überliefert)

Das Lied wird ohne Bewegungen gesungen, und ist für jüngere Kinder etwas
schwieriger mitzusingen.

Gebete

Wir haben zwei feststehende Gebete, die immer gleich sind und die jeweils
aus einfachen Vierzeilern bestehen und sich reimen. Es hat sich bewährt,
wenn eine aus dem Team jeweils eine Zeile vorspricht und alle Anwesenden
die Zeile nachsprechen. So lernen die Kinder die Gebete gut auswendig und
können auch alle von Anfang an mitsprechen. Das erste Gebet wird immer
eingeleitet mit den Worten: »Wir wollen jetzt beten, und das können wir am
besten tun, wenn wir die Hände falten, dann können wir ganz bei uns und
auch ganz bei Gott sein.«

Die Gebete werden auswendig gesprochen.

Wo ich gehe, wo ich stehe

Wo ich gehe, wo ich stehe,
bist du, lieber Gott, bei mir.
Wenn ich dich auch niemals sehe,
weiß ich immer: du bist hier.
Amen.

Gebet zur Guten Nacht

Gott, der du mich heut' bewacht,
beschütze mich auch diese Nacht.
Du sorgst für alle, Groß und Klein,
drum schlaf ich ohne Sorgen ein.
Amen.

Die Geschichte als Mitte

In der Mitte der »Mini-Gute-Nacht-Kirche« steht immer eine Geschichte.
Dabei gibt es unterschiedliche Themenbereiche, aus denen die Geschichten
stammen, wie z.B. biblische Geschichten oder Geschichten aus dem
Erlebnisbereich der Kinder oder auch den Bereich der Kirchenpädagogik, bei
der die Kirche erkundet und begriffen wird.
Die Geschichten werden mit unterschiedlichen Methoden dargeboten. Wenn
eine Geschichte nur erzählt wird, ohne dass es etwas zu sehen, zu fühlen,
zu erleben oder zu spüren gibt, dann wird es schnell langweilig für die
Kleinsten. Es gibt Geschichten, die wir mit Handpuppen, Biegepüppchen
oder Stofftieren vorgespielt haben. Oft schlüpfen wir in die Rollen der in der

Die Geschichten werden methodisch abwechslungsreich gestaltet.

13

Geschichte vorkommenden Personen und spielen selbst. Wenn es möglich ist, dann beziehen wir auch die Kinder in das Spielen der Geschichte mit ein. Damit haben wir gute Erfahrungen gemacht. Es hängt natürlich immer auch davon ab, welche Altersgruppe am stärksten bei den Kindern vertreten ist. Sind nur die Kleineren da (bis drei Jahre), dann geht es nicht so gut. Wenn einige Kindergartenkinder im Alter von fünf Jahren darunter sind, dann spielen die gern mit.

Der Text für die Aufführung einer Geschichte wird nach biblischer Vorlage fast immer von uns selbst geschrieben. Oft benötigen wir besonderes Zubehör, das vorher noch von uns angefertigt oder besorgt wird. Für die Aufführung der Geschichte reicht es meistens, sich eine halbe Stunde vorher zu treffen und dreimal alles zu proben. Dann geht es auch frei und ohne Text in der Hand.

Die Umsetzung der Geschichte

Vertiefung nach der Geschichte

Oft gibt es nach der Geschichte einen kurzen Teil, bei dem etwas aus der Geschichte noch einmal aufgegriffen und »nachgearbeitet« wird. Genaue Hinweise finden Sie im Hauptteil des Buches, wenn die jeweiligen Geschichten vorgestellt werden. Die Umsetzung kann direkt im Anschluss an die Geschichte erfolgen oder sie kann nach dem dritten Lied ihren Ort haben, da sonst zwischen den letzten beiden Liedern nur ein Ortswechsel in den Altarraum erfolgt.

Segen zum Mitmachen

Der Segen wird gemeinsam gesprochen und gestaltet.

Ganz zum Schluss sprechen wir alle gemeinsam den Segen, der von Bewegungen begleitet wird. Dieser Segen wird bei uns auch in Familien-, Kindergarten- und Schulgottesdiensten gesprochen und ist daher vielen bekannt.

Segen

Gott,	*Arme nach oben strecken.*
dein Segen komme auf mich	
wie Tau am Morgen,	
benetze mich,	*Die Arme gehen langsam seitlich am Körper nach unten.*
umhülle mich,	*Die Arme umarmen den Oberkörper.*
öffne mich,	*Die Arme zu den Seiten ausbreiten.*
erfülle mich,	*Die Hände nach vorn strecken und eine Schale formen.*
brauche mich	*Die offenen Handflächen nach oben und nach vorn ausstrecken.*
und verbinde mich mit anderen.	*Die Nachbar/innen rechts und links anfassen.*
Amen.	

Das Mitgebsel

Am Ende einer jeden »Mini-Gute-Nacht-Kirche« bekommen die Kinder nach dem Segen etwas mit nach Hause, das einen Bezug zum Thema der Geschichte hat. Oft ist es einfach nur eine Kopie mit dem Text der Geschichte und mit einem dazu passenden Ausmalbild auf der Rückseite. Die Eltern lesen abends dann gern die Geschichte noch einmal vor. Manchmal ist es auch etwas anderes, z.B. ein Frühstücksbrettchen mit einem Gebet darauf, ein Blumensamenkorn, eine Blume, ein Büchlein mit der biblischen Geschichte, etwas zum Essen oder was sonst gerade passt.

Zu Hause soll es weitergehen.

Die Finanzierung

Dieses Thema mag hier ungewöhnlich klingen, aber es ist doch wert, genauer betrachtet zu werden. Vielleicht ist beim Lesen der letzten Absätze der Eindruck entstanden, wie soll man das denn alles bezahlen: Handpuppen, Biegepüppchen, Holzmöbel, Tücher, Zubehör zum Spielen und dann noch die Mitgebsel.

Attraktive Gestaltung hat ihren Preis.

So ein kirchliches Angebot wie die »Mini-Gute-Nacht-Kirche« soll attraktiv sein, d.h., das Plakat und der Gottesdienstzettel sollen schön gestaltet sein. Weiter wollen wir mit schönen Materialien spielen und den Kindern auch noch etwas Sinnvolles und Schönes mit nach Hause geben. Und das alles kostet eben etwas. Wenn diese Arbeit in der Gemeinde erst bekannt ist, dann wird auch gerne in Kollekten dafür Geld gegeben. Und eine gute Arbeit für Kinder spricht sich schnell herum!

Die Kinder selbst danken es: nach einem gemeinsam mit den Kindern gelegten Bild zur Schöpfung mit Tüchern, Sternen, Holzblumen, Tieren und allerlei schönen Dingen (s. Seite 43 ff.) standen wir um das Legebild und betrachteten es. Da sagten zwei kleine Mädchen: »Das sieht so schön aus!« Wir alle (Kleine und Große) erfreuten uns an dem gemeinsamen Werk. Sprach nicht auch ein bisschen der Gott der Schöpfung aus den beiden, der am 6. Tag der Schöpfung alles ansah, was er gemacht hatte und siehe, »es war sehr gut« (1. Mose/Genesis 1,31).

Der Adventsweg

(nach Matthäus 2)

In der Adventszeit wollen wir mit den Kindern einen Adventsweg beschreiten, der auch an sein Ziel kommt, nämlich zur weihnachtlichen Krippe. Vor lauter Adventskalendern und Geschenken geht in der Adventszeit nämlich oft das Ziel und Herzstück von Weihnachten verloren: die Geburt des Christkindes.

Material

— Handpuppe Lucy (Anleitung zur Herstellung s. Seite 116f.),
— ein ca. 10 m langes blaues Tuch,
— eine nicht zu kleine Krippe mit Jesus, Maria und Josef,
— ein gelbes und ein schwarzes quadratisches Tuch (Bezug beim Verlag Junge Gemeinde, s. Seite 120),
— ein Korb mit Steinen (für jedes zu erwartende Kind mindestens einen),
— ein Korb mit Leuchtsternen (die auch das Mitgebsel am Schluss sind),
— drei braune Tücher (Bezug beim Verlag Junge Gemeinde, s. Seite 120) zum Zudecken der Krippe und der beiden Körbe,
— eine etwas größere gelbe Sternschnuppe aus Holz oder aus Pappe mit Goldpapier beklebt (Vorlage s. Seite 99),
— Mitgebsel: für jedes Kind einen Leuchtstern (den man z.B. in Spielwarengeschäften preiswert bekommen kann).

Vorbereitung

Ein langes blaues Tuch wird in Form einer Spirale auf den Fußboden gelegt. In der Mitte der Spirale steht eine Krippe auf einem gelben Tuch, die jedoch noch mit braunen Tüchern zugedeckt ist. Am Beginn des Spiralweges stehen ein Korb mit Steinen und ein Korb mit Leuchtsternen. Beide Körbe sind zu Beginn noch zugedeckt.

Begrüßung

Die Handpuppe Lucy erzählt, dass sie einen Adventskalender hat. Da macht sie jeden Tag ein Türchen auf, und dahinter findet sie ein Stück Schokolade und ein Bild. Sie spricht mit den Kindern über folgende Fragen und Themen:
Habt ihr auch einen Adventskalender? ... Ich habe heute eine Schokolade drin gehabt, die hatte die Form eines Sterns. Was habt ihr heute drin gehabt? ...
Wisst ihr eigentlich, warum wir so einen Adventskalender haben? ... Wie viele Türchen hat denn so ein Kalender? Was wird denn am 24. Dezember gefeiert? ... Genau, Jesus ist geboren, und weil wir uns darüber alle so freuen, gibt es für uns viele Geschenke. Und jetzt können wir uns jeden Tag schon ein bisschen darauf freuen, wenn wir ein Türchen beim Kalender aufmachen! Aber die Hauptsache kommt erst: am 24. Dezember ist Weihnachten, dann wird Jesus geboren.
Und jetzt im Advent sind wir auf dem Weg dorthin. Dafür liegt auch schon etwas hier in der Mitte. (Das blaue Tuch etc.)
Habt ihr eigentlich schon gesehen, was da oben hängt? (In unserer Kirche ein Adventskranz.) Da ist jetzt erst eine Kerze an, aber wenn es Weihnachten wird, dann wird es immer heller, es brennen immer mehr Kerzen.

Geschichte (nach Matthäus 2,1–12)

(Eine Mitarbeiterin übernimmt in der folgenden Geschichte die Rolle der Erzählerin. Dabei führt sie die in Klammern beschriebenen Aktionen aus.)

Die Geschichte

Vor langer Zeit gab es einen neuen Stern am Himmel.

(Die gelbe Sternschnuppe wird gezeigt. Die Sternschnuppe wandert in der Hand der Erzählerin mit.)

Den sahen viele Menschen am Himmel. Diesen Stern sahen auch drei sehr weise Sterndeuter, die weit weg im Morgenland lebten. Sie dachten: wenn so ein schöner, großer, neuer Stern am Himmel erscheint, dann muss ein neuer König geboren sein. Und die drei Sterndeuter machten sich auf den Weg, um den neuen König zu suchen. Dabei folgten sie dem Stern.
Und auch wir wollen uns in dieser Adventszeit auf den Weg machen, um dem Stern zu folgen und den neuen König zu suchen.

(In die Spirale ein wenig hineingehen.)

Die Sterndeuter kommen zur Königsstadt Jerusalem. Sie gehen zu König Herodes und fragen nach dem neuen König: »Verehrter König von Jerusalem, ein neuer König muss in eurem Land geboren sein. Könnt ihr uns den Weg zeigen?«
Der König Herodes weiß von keinem neuen König. Er wird wütend und schreit: »Es gibt keinen anderen König außer mir, *(leiser zu den Königen)* aber wenn ihr ihn findet, so müsst ihr wieder zu mir kommen, damit ich auch zu dem neuen König hingehen kann.«
Das meinte er natürlich nicht ehrlich. Er wollte den neuen König nämlich töten lassen, weil nur er der einzige König sein wollte.
Eine schlimme Stadt, ein schlimmer König!

(Das schwarzes Tuch wird außen neben die Spirale hingelegt.)

Auch heute gibt es böse Menschen, die andere beherrschen. Wir wollen Gott bitten, dass er uns von ihnen befreit.

(Ein Stein wird auf das schwarze Tuch gelegt. Dann geht die Erzählerin den Spiralweg weiter.)

Die Sterndeuter verlassen Herodes und folgen dem hell leuchtenden Stern. Schließlich kommen sie nach Bethlehem, zum Jesuskind in der Krippe.

(Die Krippe wird aufgedeckt, die Sternschnuppe dazugelegt.)

»Das soll der neue König sein, dieses Baby in der Krippe?«, fragen sich die Sterndeuter. Sie schauen auf das Kind. Es wird hell in ihnen. Sie sehen den Weg zum Frieden und auch zu Gott. Da kehren sie voll Freude nach Hause zurück. Aber sie gehen einen anderen Weg nach Hause, sie gehen nicht noch einmal bei dem anderen schlimmen König vorbei.
Sie gehen in alle Welt hinaus und erzählen von dem Kind, von dem neuen König, der geboren ist.

(An dieser Stelle kann das Lied: »Tragt in die Welt nun ein Licht« gesungen werden, LJ 327, SL 112.)

Umsetzung

Vertiefung

Alle Kinder (evtl. auch die Erwachsenen) sind eingeladen, den Spiralweg zur Krippe selbst zu gehen. Dazu nehmen sich die Kinder am Beginn des Weges einen Stein und einen Leuchtstern in die Hand. Dann gehen sie einzeln nacheinander den Spiralweg. Wenn sie am schwarzen Tuch vorbeikommen (an Jerusalem und Herodes), legen sie dort einen Stein ab. Dann gehen sie weiter bis zum Kind in der Krippe, wo der Stern abgelegt wird. Die anderen Teammitglieder machen es zuerst einmal vor.

*(Die Idee und die Darbietung der Geschichte sind teilweise aus dem folgenden Buch entnommen: **Willkommen in der Familienkirche!**, herausgegeben von Jochem Westhof, © Gütersloher Verlagshaus GmbH, Gütersloh 2003, S. 22ff.)*

Die Schätze der Heiligen Drei Könige

(nach Matthäus 2)

Wir wollen die Heiligen Drei Könige mit ihren Geschenken präsentieren. Die Geschenke sollen zum Anschauen und Anfassen sein. Wir wollen gleichzeitig den Bezug zu dem weit verbreiteten Sternsingen herstellen und die Bedeutung der drei Buchstaben C-M-B, die von den Sternsingern am 6. Januar mit Kreide an die Hauswände gemalt werden, kennen lernen.

Biblisch ist nicht von Königen, sondern von Weisen die Rede. Das griechische Wort »magoi« bedeutet Magier, damit sind zunächst die Mitglieder einer persischen Priesterkaste bezeichnet, die sich mit Sternkunde befassen. Wir orientieren uns jedoch an den traditionellen Überlieferungen, in denen auch beschrieben wird, welcher König aus welchem Land kommt, welche Farbe sein Umhang hat und welches Geschenk er mitbringt. (vgl. Kutik, Christiane, Das Jahreszeitenbuch, s. »Literatur und Material« Seite 120)

Material

— Handpuppe Lucy (Anleitung zur Herstellung s. Seite 116).
— Drei »Schatzkisten«: drei gleiche Kistchen, die mit Goldpapier beklebt werden.
— Die drei Schätze: Gold, Weihrauch und Myrrhe, die jeweils in eine Schatzkiste gelegt werden. Zur Darstellung des Goldes gibt es verschiedene Möglichkeiten, am besten wird ein echter Goldring oder eine Goldkette in die Schatzkiste gelegt. Es können z.B. auch die Goldschokoladentaler genommen werden, die es in der Weihnachtszeit zu kaufen gibt, so steht Gold auch gleichermaßen für Geld. Es gibt aber noch mehr Möglichkeiten, das Gold darzustellen, z.B. durch Steinchen, die mit Goldfarbe bemalt werden, oder goldfarbene Dekosteinchen. (Die Bezugsadressen für Weihrauch und Myrrhe-Granulat finden Sie im Anhang, Seite 120)
— Evtl. ein Weihrauchgefäß mit Kohle, um Weihrauch zu riechen (z.B. in der katholischen Nachbargemeinde nachfragen oder in einem Geschäft für Kirchenbedarf).
— Ein roter Umhang (für Melchior, der das Gold bringt).
— Ein blauer Umhang (für Balthasar, der den Weihrauch bringt).
— Ein grüner Umhang (für den Mohren Caspar, der die Myrrhe bringt).
— Ein schwarzer Umhang für König Herodes.
— Vier Kronen, die man aus Goldpapier leicht selbst herstellen kann.
— Eine Krippe, in die eine Puppe als Jesus gelegt wird.
— Ein großes Tuch, um die Krippe zunächst zu verdecken.
— Schwarze Schminke (Bezug beim Verlag Der Jugendfreund, s. Seite 120) für das Gesicht und die Hände des dunklen Königs Caspar.
— Mitgebsel: für jedes Kind ein Goldtaler aus Schokolade und eine Kopie zum Ausmalen (s. Seite 22).

Begrüßung

Die Handpuppe Lucy erzählt den Kindern, dass wir heute hohen Besuch bekommen und lässt die Kinder raten, wer uns wohl besucht. Dabei gibt sie nach Bedarf Tipps: Die haben auch schon das Jesuskind in der Krippe besucht, sie tragen Kronen, kommen von ganz weit her, können Sterne deuten ... Sie erzählt, dass sich am 6. Januar Kinder als Könige verkleiden und als Sternsinger von Tür zu Tür gehen und singen. Dafür bekommen sie Süßigkeiten und vor allem Geld, das die Sternsinger für arme Kinder in aller

Welt sammeln. Und wenn die Kinder das richtig machen, dann malen sie auch drei Buchstaben mit Kreide an die Haustür. Wer weiß, welche Buchstaben das sind, und was sie bedeuten? C (Christus) M (Mansionem = Haus) B (Benedicat = segne), Christus segne dieses Haus. Gleichzeitig sind die drei Buchstaben auch die Anfangsbuchstaben der Namen der Heiligen Drei Könige: Caspar, Melchior und Balthasar.

Geschichte (nach Matthäus 2,1–12)

Die Geschichte

Vier Teammitglieder schlüpfen in die Rollen der drei Könige, die im folgenden mit C, M und B benannt werden, und in die Rolle von König Herodes (H).

M: *(stellt sich in die Mitte der »Bühne«, legt sich seinen roten Umhang um und setzt sich eine Krone auf.)*
Ich bin König Melchior. Ich komme aus dem Morgenland. Ich bin König über die Länder Nubien und Arabien. Ich habe einen neuen großen hellen Stern gesehen. Es muss ein neuer König geboren sein in Israel, so will ich hingehen und ihn anbeten. Und ein kostbares Geschenk will ich ihm auch mitbringen. Hier ist meine Schatzkiste, darin ist das Wertvollste, was ich habe. Das will ich dem neuen König schenken.
(Er nimmt die Schatzkiste mit dem Gold und geht los. Er geht im Altarraum langsam herum.)

B: *(stellt sich vor die Kinder, legt sich den blauen Umhang um und setzt sich eine Krone auf.)*
Ich bin König Balthasar. Ich komme aus dem Morgenland. Das heißt so, weil es weit im Osten liegt, und dort geht immer die Sonne auf. Ich bin König über die Länder Godolien und Saba. Ich habe einen neuen großen hellen Stern gesehen. Es muss ein neuer König geboren sein in Israel, so haben es heilige Bücher angekündigt. Ich freue mich, dass es gerade jetzt geschehen ist, wo ich auf der Erde lebe. Ich will hingehen und dem neuen König meine Ehre erweisen. Hier ist meine Schatzkiste, darin ist das Wertvollste, was ich habe. Das will ich dem neuen König schenken.
(Er nimmt die Schatzkiste mit dem Weihrauch und geht los. Er geht im Altarraum langsam herum.)

C: *(stellt sich vor die Kinder, legt sich den grünen Umhang um und setzt sich die Krone auf.)*
Ich bin König Caspar. Ich komme aus dem Morgenland. Ich bin König von Tharsis. Ich habe einen neuen großen hellen Stern gesehen. Es muss ein neuer König geboren sein. Ein König, der für alle Menschen ein guter und gerechter Herrscher ist, der alle Menschen, ob weiß, ob schwarz, lieb hat. Ich werde hingehen und ihm das Wertvollste schenken, das ich habe.
(Er nimmt die Schatzkiste mit der Myrrhe und geht los. Er geht im Altarraum langsam herum.)

(Die drei Könige treffen in der Mitte zusammen. Sie verbeugen sich voreinander.)

M: Seid mir gegrüßt, wer seid ihr und wohin des Weges?

B: Ich bin König Balthasar und bin auf dem Wege nach Israel, dort ist ein neuer König geboren. Ein großer neuer Stern am Himmel kündete mir davon. Nun will ich den neuen König sehen und ihm das kostbarste Geschenk überreichen, das ich habe.

C: Auch ich will zum neuen König! Ich bin König Caspar, und auch ich habe das Kostbarste mitgenommen, das ich besitze, um es dem neuen König zu schenken.

19

Die Geschichte

M: Ich will auch, wie ihr, zum neuen König. Lasst uns doch zusammen weitergehen, dann sind wir sicherer. Auch ich habe ein kostbares Geschenk mitgebracht.

B: Das ist eine gute Idee. Aber sagt mir zuvor: welche Geschenke habt ihr in euren Schatzkisten? Haben wir etwa das Gleiche mitgebracht?

M: Ja, lasst es uns vergleichen. Ich denke, ein königliches Geschenk ist Gold. So habe ich dem größten König einen Goldschatz mitgebracht.
(Er öffnet die Schatzkiste und zeigt den Kindern den Inhalt.)

C: Ich habe etwas anderes mitgebracht. Der neue König soll ein großer und berühmter Arzt werden. Ein Arzt für Leib und Seele, also habe ich Myrrhe mitgebracht, ein edles Heilmittel, aus dem viele Arzneien gemacht werden.
(Er öffnet die Schatzkiste und zeigt den Kindern die Myrrhe.)

B: Und ich habe noch etwas anderes mitgebracht. Der neue König soll wie ein Gott sein, und Gott opfert man im Gottesdienst Wohlgerüche. Deshalb habe ich Weihrauch mitgebracht.
(Er öffnet die Schatzkiste und zeigt den Kindern den Weihrauch.)

(Falls ein Weihrauchgefäß vorhanden ist, kann es jetzt im Raum geschwenkt werden.)

M: Drei so kostbare Geschenke, die eines Königs würdig sind. Dann lasst uns eilen, um den König zu finden. Er wird doch wohl in der Hauptstadt, in Jerusalem zu finden sein?

C: Ja, lasst uns dorthin gehen und am Königspalast nachfragen.

H: *(legt den schwarzen Umhang um und setzt die Krone auf.)*
Ich bin König Herodes, außer mir gibt es keinen anderen König hier in Jerusalem.

(Die Heiligen Drei Könige stellen sich vor Herodes auf.)

M: Wir sind gekommen, um dem neuen König unsere Ehre zu erweisen. Kannst du uns sagen, wo wir den neuen König finden?

H: Ein neuer König? Unfug! Es gibt keinen König außer mir. Aber, falls ihr doch einen findet, dann kommt wieder und sagt es mir, damit ich auch hingehen kann, um ihn anzubeten.

(Die drei Könige drehen sich um und gehen.)

C: *(zeigt zum Himmel)*
Seht der Stern steht gar nicht hier über Jerusalem. Es scheint, dass wir noch weitergehen müssen. Der König ist nicht hier, sondern woanders zu finden.
(Sie gehen weiter.)

B: Jetzt sind wir in Bethlehem. Hier steht der Stern. Hier muss der König zu finden sein. Dort in dem Stall etwa?

(Die drei gehen zu der Krippe und decken das Tuch ab.)

M: *(staunend)* Ein Kind liegt hier. Aber es geht ein so helles Licht von ihm aus.
(Er fällt auf die Knie.)
Hier ist der neue König zu finden. Gelobt sei Gott! Ich schenke dir Gold, du großer König! Nimm meine Gabe freundlich an.

B: *(kniet sich hin)* Ich schenke dir Weihrauch, du gottgleicher König, nimm meine Gabe freundlich an.

C: *(kniet sich hin)* Ich bringe dir Myrrhe, du großer König und Arzt, du wirst den Menschen helfen und wirst alle gleichermaßen freundlich ansehen. Dafür sei dir Dank.

(Die drei erheben sich wieder.)

M: Nun lasst uns wieder nach Hause ziehen.

B: Aber bei König Herodes gehen wir nicht mehr vorbei. Das hat mir im Traum ein Engel befohlen.

C: Ja, wir gehen einen anderen Weg, damit Herodes das Kind nicht findet.

M: Wir wollen in aller Welt erzählen, dass der neue König geboren ist.
(Die drei Könige treten weg und legen die Umhänge und Kronen ab.)

Die drei Weisen

Am Erscheinungsfest (Dreikönig) hören wir, wie drei weise Männer
aus einem fernen Land im Osten zur Krippe nach Bethlehem
kommen.
Die drei Weisen haben kostbare Geschenke mitgebracht: Gold,
Weihrauch und Myrrhe.

(Illustration von Rüdiger Pfeffer,
aus: »Komm, mal mit mir!«

Die Salbung in Bethanien

(nach Markus 14)

Wir wollen mit den Kindern die Geschichte von der Salbung in Bethanien spielen. Die Kinder nehmen die Rollen von Simon und den Jüngern ein. Die Geschichte hat einen direkten Bezug zum nahen Tod Jesu, zum Geschehen an Karfreitag. Deshalb eignet sie sich besonders für die Passionszeit.

Material

— Handpuppe Lucy (Anleitung zur Herstellung s. Seite 116), die vorher einen Tropfen Parfüm aufs Gesicht bekommt.
— Verschiedene Tücher aus Pannesamt oder andere große Tücher (ca. 140 x 140 cm): ein weißes Tuch für Jesus, ein rotes für die Frau, die Jesus salbt, mehrere andere für Simon und einige Jünger.
— Ein kleines hübsches Fläschchen, das leer ist, als Requisite für die Frau, die Jesus salbt.
— Ein gut duftendes Öl für Duftlampen.
— Eine Duftlampe oder einfacher: eine größere Schale mit warmen Wasser, auf die das Öl geträufelt werden kann.
— Eine Duftcreme, die nach dem Spielen der Geschichte den Kindern auf die Hand gestrichen werden kann, damit sie den Duft der Geschichte mitnehmen.
— Mitgebsel: eine Kopie der Geschichte mit einem »Duftbild« (s. Kopiervorlage Seite 26)

Begrüßung

Die Handpuppe Lucy erzählt den Kindern, dass heute etwas anders an ihr ist als sonst. Fällt den Kindern etwas auf? *(Die Kinder raten.)*
Nach einer Weile gibt Lucy die Auflösung: sie duftet heute gut. Ihre Mama hat ihr nämlich etwas von ihrem Parfüm gegeben. Riecht ihr das?
(Die Kinder dürfen an Lucy riechen.)
Stellt euch vor, Jesus hat auch einmal ganz toll geduftet, weil ihm eine Frau …, ach, ich brauche euch das jetzt eigentlich gar nicht zu erzählen, weil wir das nachher zusammen spielen wollen.

Vorbereitung

Wir fragen die Kinder, wo sie in der Kirche Kreuze sehen. In unserer Kirche steht ein sehr großes schlichtes Holzkreuz hinten im Altarraum (s. Abbildung Seite 24), das an der Wand dahinter zwei Schatten wirft. Außerdem ist ein Kreuz innerhalb der Lutherrose vorn am Altar zu sehen und ein weiteres Kreuz am Taufbecken. Meist entdecken die Kinder noch mehr Kreuze, z. B. als Teile des Kerzenständers usw.
Wir sprechen über das Kreuz, und fragen die Kinder, ob sie wissen, wofür das Kreuz in der Kirche steht. Jesus ist am Karfreitag daran gestorben. Einige Kinder wissen das sicher bereits.
Wir selbst können uns auch in Kreuzform aufstellen. Wir bitten die Kinder, sich gerade und mit den Füßen zusammen hinzustellen und die Arme auszubreiten. So stehen wir zwischen Himmel und Erde. Das Kreuz verbindet Himmel und

23

Erde (Gott mit uns Menschen) und auch uns Menschen untereinander: wenn wir die Arme öffnen, dann ist es so, als wollten wir uns in die Arme nehmen. Bevor Jesus in Jerusalem gekreuzigt worden ist, ist noch etwas anderes, etwas ganz Besonderes mit ihm passiert. Das wollen wir gemeinsam spielen.

Die Geschichte

Geschichte (Markus 14,3–9)

Eine aus dem Team ist die Erzählerin (E), eine spielt Jesus (J) und eine dritte die Frau, die Jesus salbt (F).

E: Jesus ist auf dem Weg nach Jerusalem. Er macht vorher auf seiner Reise in einer kleinen Stadt einen Besuch bei Simon. Dies ist Simons Haus.

(Die Erzählerin legt einige Sitzkissen auf die Erde und fragt, welches Kind Simon spielen möchte. Es bekommt einen Umhang um und kommt nach vorn »auf die Bühne« und setzt sich auf eines der Sitzkissen.)

Jesus kommt in das Haus des Simon.

(Eine Mitarbeiterin nimmt den weißen Umhang und setzt sich auf ein Sitzkissen zu Simon.)

Jesus hat auch einige von seinen Freunden mitgebracht.

(Einige Kinder, die mitspielen wollen, werden ausgesucht, sie bekommen einen Umhang und setzen sich auch auf die Sitzkissen.)

Alle wollen gerade etwas essen, aber da kommt plötzlich eine Frau in das Haus.

(Die Mitarbeiterin, welche die Frau spielt, legt sich den roten Umhang um, sie tritt hinter Jesus und tut so als gieße sie aus der Flasche eine Flüssigkeit auf den Kopf von Jesus.)

E: *(nimmt eine Schüssel mit warmen Wasser und gießt das Duftöl auf das Wasser. Dann geht sie mit der Schüssel umher und lässt die Kinder den Duft riechen.)*

Der Duft verbreitet sich im ganzen Haus. Es riecht gut. Einige rufen: »So ein kostbares Öl zum Salben!« – »Jesus wird zum König gesalbt, wie damals David.« – »Das ist aber wertvolles Öl, es duftet so gut.«

(Die eine Hälfte der Kinder, welche die Freunde spielen, werden aufgefordert, diese Sätze nachzusprechen.)

Aber es gibt auch böse Stimmen, die rufen: »So eine Verschwendung! Das teure Öl sollte man lieber verkaufen und das Geld den Armen geben! Weg mit dem Geruch!«

(Die andere Hälfte der Kinder, welche die Freunde spielen, werden aufgefordert, diese Sätze auch zu sagen.)

J: Nein! Lasst das kostbare Öl doch hier! Die Frau hat etwas Gutes für mich getan. Sie hat gewusst, dass ich zum Kreuz gehe. Sie hat mich schon für meinen Tod gesalbt.
Und an diese Frau, die mir Gutes getan hat, wird man sich später noch erinnern, wenn das Evangelium gepredigt wird.

E: So erinnert uns auch heute noch der Duft von Jesus an die kluge Frau, die wusste, dass Jesus ein König war und sterben musste.

(Dann werden die Tücher von den Spielerinnen wieder abgelegt.)

Umsetzung

Die Kinder, die gern möchten, bekommen jeweils einen »Duft zum Mitnehmen« auf die Hand gecremt.

(Die Idee und Darbietung der Geschichte ist in Anlehnung an folgendes Buch entstanden: **Willkommen in der Familienkirche!***, herausgegeben von Jochem Westhof, © Gütersloher Verlagshaus GmbH, Gütersloh 2003, S. 51ff.)*

Die Salbung in Bethanien

Gib in den gepunkteten Kreis etwas Duftöl (oder Parfüm, Rasierwasser …)

(Aus: Beate Steitz-Röckener, »Meine Malbibel« Nr. 10, Illustration: Andreas Röckener, © Agentur des Rauhen Hauses, Hamburg 2001)

Die Salbung in Bethanien

Jesus ist unterwegs nach Jerusalem. Er weiß, dass das Kreuz auf ihn wartet, aber er geht trotzdem dahin. Unterwegs wird er zum Essen eingeladen in das Haus von Simon. Er und seine Freunde gehen hin.

Beim Essen passiert es:

Die Tür geht auf, und eine Frau kommt herein. Sie holt eine kleine Glasflasche aus ihrem Beutel, öffnet sie und gießt etwas davon auf den Kopf Jesu. Und plötzlich duftet es gut im ganzen Haus.

Die Leute bei Simon im Haus rufen: »So ein kostbares Öl zum Salben!« – »Jesus wird zum König gesalbt, wie damals David.« – »Das ist aber wertvolles Öl, es duftet so gut.«

Aber es gibt auch böse Stimmen, die rufen: »So eine Verschwendung! Das teure Öl sollte man lieber verkaufen und das Geld den Armen geben! Weg mit dem Geruch!«

Da ruft Jesus: »Nein! Lasst das kostbare Öl doch hier! Die Frau hat etwas Gutes für mich getan. Sie hat gewusst, dass ich zum Kreuz gehe. Sie hat mich schon für meinen Tod gesalbt. Das Kreuz ist schwer, aber es wird nach drei Tagen etwas Gutes daraus entstehen, das verspricht Gott.

Und an diese Frau, die mir Gutes getan hat, wird man sich später noch erinnern, wenn das Evangelium gepredigt wird.«

(nach Markus 14,3-9)

Ostern: Jesus ist wie die Sonne

(nach Markus 16)

Wir wollen diese Geschichte von der Auferstehung Jesu als Legebild gestalten.

Material

— Handpuppe Lucy (Anleitung zur Herstellung s. Seite 116).
— Ein gelbes und ein schwarzes quadratisches Tuch (Bezug beim Verlag Junge Gemeinde, s. Seite 120).
— Ein gelber Hula-Hoop-Reifen.
— Buntes Krepppapier, das in zusammengerolltem Zustand in ca. 5 cm breite Stücke geschnitten wird, so dass lange Streifen entstehen, wenn sie ausgerollt werden.
— Korb für die Krepppapierröllchen, die den Kindern am Eingang ausgegeben werden.
— Ein weißes Chiffontuch, das den Engel symbolisiert (Bezug beim Verlag Junge Gemeinde, s. Seite 120).
— Eine Kerze (Bezug beim Verlag Der Jugendfreund, s. Seite 120)
— Ein großer »schwerer« Stein (Damit es ein richtig großer Stein ist, der aber auch ganz leicht ist, kann der Stein selbst gebastelt werden, s. unten.)
— Mitgebsel: der lange Krepppapierstreifen wird den Kindern mitgegeben.

Bastelanleitung für den Stein:

— großmaschiger Basteldraht (Je nach gewünschter Größe im Bastelgeschäft ein Stück von der Rolle abschneiden lassen.)
— Gipsbinden (Je nach geplanter Größe des Steins, nicht zu wenig; aus einem Bastelgeschäft oder evtl. von einer »medizinische Quelle« im Bekanntenkreis beziehen.)
— Ein Döschen Farbe in anthrazit oder ähnlich, um den Stein anzumalen (Bastelgeschäft).

Der Basteldraht wird zu einem Gebilde gebogen, das wie ein Stein aussieht. Dann werden die Gipsbinden in Wasser eingeweicht und um das Drahtgestell gewickelt, bis es ganz eingewickelt ist. Gut trocknen lassen. Dann mit der Farbe anmalen. Sieht täuschend echt aus.

Begrüßung

Die Handpuppe Lucy staunt, was die Kinder heute in den Händen haben: jedes Kind durfte sich am Eingang ein Krepppapierröllchen aus dem Korb nehmen. Sie bittet die Kinder, die ein rotes Band haben, es mal hochzuheben (und so weiter mit allen Farben). Das sieht ja so bunt und fröhlich aus.
Da muss sie an die Geschichte denken, welche die Freundinnen und Freunde von Jesus erlebt haben. Als Jesus gekreuzigt wurde, waren alle sehr traurig und saßen am Boden und ließen die Köpfe hängen. Aber dann passierte etwas, das sie alle wieder ganz fröhlich werden ließ. Vielleicht fingen sie sogar zu tanzen an. Wisst ihr, was ich meine? Jesus ist nicht im Tod geblieben, sondern auferstanden. Und die Geschichte wollen wir heute mal miterleben.

Geschichte (nach Markus 16,1–8)

(Eine Erzählerin spricht und führt die in Klammern beschriebenen Aktionen aus. Ein anderes Teammitglied spricht die Stimme des Engels, so dass die Stimme im Raum ist, ohne dass sie gleich einer Person zugeordnet werden kann, so bekommt der Engel gleichsam eine »schwebende Stimme«.)

Die Geschichte

27

Die Geschichte

Heute habe ich ein leuchtend gelbes Tuch mitgebracht.

(Gelbes Tuch in die Mitte legen, Ecken einschlagen, so dass es fast rund wirkt.)

Es leuchtet wie die Sonne. Wir legen einen runden Reifen dazu.

(Den Reifen auf das Tuch legen.)

Die Sonne gibt Licht und Wärme.

(Die Kerze anzünden und in den Reifen stellen.)

Ohne Sonne gibt es kein Leben auf der Erde. Die Sonne geht am Morgen auf und am Abend unter.
Jesus war damals für viele Menschen wie die Sonne. Sie suchten seine Nähe und seine Wärme. Sie sagten: in deiner Nähe wird uns warm im Herzen, bei dir ist alles klar und hell.
Doch es gab auch einige Menschen, die mochten Jesus nicht. Sie haben Jesus gefangen genommen und gekreuzigt. Es wurde finster.

(Ein schwarzes Tuch wird über das gelbe gelegt, die Kerze ausgepustet. Das schwarze Tuch ist um die Kerze gelegt.)

Jesus wurde in ein Grab gelegt und ein schwerer Stein wurde vor den Eingang gerollt. Seine Freundinnen und Freunde waren sehr traurig.

(Der Stein wird auf das schwarze Tuch gelegt.)

Nach drei Tagen gingen drei Frauen zum Grab. Und stellt euch vor: der schwere Stein lag nicht mehr davor.

(Stein an die Seite rollen.)

Und dann sahen sie auch noch einen Engel auf dem Stein.

(Für den Engel ein weißes Chiffontuch auf den Stein legen.)

Dann hörten sie die Stimme des Engels:

Engelstimme: »Gott ist stärker als der Tod! Jesus ist nicht mehr tot. Er ist lebendig!«

(Bei jedem Satz wird das schwarze Tuch ein Stück mehr weggezogen bis das gelbe Tuch wieder ganz zu sehen ist.)

Da wurde es hell in den drei Frauen, so als ob die Sonne aufginge.

(Die Kerze wird wieder angezündet.)

Sie haben sich so gefreut und sind losgelaufen und haben es allen Menschen erzählt: »Jesus lebt! Jesus ist auferstanden! Jesus lebt!« Alle haben sich gefreut und kamen in Bewegung: sie tanzten und liefen los. Keiner konnte mehr still bleiben, keiner war mehr traurig.

Vertiefung

Umsetzung

Danach machen wir mit den Kindern einen Freudentanz: dazu fassen sie sich an den Händen, in denen sie ihre bunten Kreppbänder haben und tanzen um den Altar. Dazu kann man z.B. singen: »Hallelu-, Hallelu- ...« (LJ 389; SL 23)

*(Die Idee und Darbietung der Geschichte sind teilweise aus dem Buch entnommen: **Willkommen in der Familienkirche!**, herausgegeben von Jochem Westhof, © Gütersloher Verlagshaus GmbH, Gütersloh 2003, S. 59ff.)*

Das pfingstliche Feuer

(nach Apostelgeschichte 2)

Pfingsten ist erfahrungsgemäß schwer zu vermitteln. Wir wollen mit den Kindern zusammen die Pfingstgeschichte spielen. Dabei leitet uns innerlich die Redensart »Feuer und Flamme sein« für eine intensive Begeisterung.

Material

— Handpuppe Lucy (Anleitung zur Herstellung s. Seite 116),
— Chiffontücher in rot, orange und gelb,
— aus Pappe ausgeschnittene »Flammen« in rot, orange und gelb (siehe Vorlage Seite 32),
— ein Korb für diese Pappflammen,
— ein großes schwarzes Tuch, auf dem am Schluss die Pappflammen zu einem großen Feuer zusammengelegt werden,
— Mitgebsel: eine Pappflamme und das Ausmalbild Seite 31.

Begrüßung

Die Handpuppe Lucy begrüßt die Kinder. Sie möchte heute mal etwas über das Feuer erzählen. Sie findet Feuer toll, weil es so hell ist und so toll brennt, z.B. die Flamme einer Kerze. Aber Feuer ist auch sehr gefährlich, weil die Flammen sich so schnell ausbreiten können und dann kann alles verbrennen. Lucy darf nicht allein eine Kerze anzünden, sondern nur zusammen mit einer Erwachsenen. Sie fragt die Kinder, ob sie Geschichten kennen, wo ein großes Feuer brennt. (Bei »Bambi« brennt z.B. der Wald, und die Tiere müssen sich in Sicherheit bringen, weil sich das Feuer immer weiter ausbreitet und alles verbrennt.)

Es gibt auch Leute, die sagen: »Ich bin Feuer und Flamme.« Das bedeutet nicht, dass sie verbrennen, oder dass sie sich in Feuer verwandeln, sondern das heißt, dass sie total begeistert sind.

Heute hören wir eine Geschichte, wo die Freunde von Jesus auch Feuer und Flamme sind, nämlich weil sie so begeistert von Jesus sind, und das wollen sie allen Menschen weitererzählen, damit sich die gute Botschaft von Jesus so ausbreitet wie ein Feuer.

Geschichte (nach Apostelgeschichte 2)

Eine Erzählerin erzählt die Geschichte und bezieht die Kinder mit ein, welche die Geschichte darstellen sollen.

Einige Zeit nachdem Jesus auferstanden war, war er endgültig zu Gott in den Himmel gefahren und seine Freunde waren allein zurück geblieben. Da saßen nun alle seine Freunde zusammen in einem Haus.

(Sechs Kinder werden gebeten, nach vorn zu kommen und ein Haus darzustellen: drei Kinder werden nebeneinander gestellt, ihnen gegenüber stehen auch drei Kinder, so dass sich immer zwei gegenüber stehen und sich anschauen. Dann heben alle sechs Kinder die Arme zu einem Hausdach – fertig ist das Haus. Eine weitere Anzahl von Kindern wird als Freunde von Jesus in das Haus gesetzt.)

Die Geschichte

29

Die Geschichte

Da hörten sie plötzlich ein gewaltiges Brausen vom Himmel.

(Alle anderen Kinder sollen nun kräftig pusten.)

Und das Haus fing an, ein bisschen zu wackeln.

(Die Kinder, die das Haus darstellen, wackeln hin und her.)

Aber das Haus stürzte nicht ein. Und dann passierte etwas sehr Merkwürdiges: es erschienen den Freunden kleine Feuerflämmchen, die aussahen wie Zungen. Und auf jedem Kopf saß eine kleine Feuerflamme.

(Den Kindern, die im Haus sitzen werden kleine Pappflämmchen gegeben, die sie sich auf den Kopf halten sollen.)

Und die Freunde von Jesus waren auf einmal ganz begeistert und sagten: wir müssen allen Menschen in ihren eigenen Sprachen von Jesus erzählen. Die gute Nachricht von Jesus muss weitergehen in alle Welt. Und so liefen die Freunde von Jesus aus dem Haus und redeten zu allen Menschen, die sie trafen, von Jesus. Und die Begeisterung für Jesus breitete sich immer mehr aus, so wie ein Feuer sich ausbreitet.

(Die Kinder bekommen Pappflammen in die Hand, und werden gebeten, loszulaufen und allen Anwesenden, den Kindern und Eltern, eine Pappflamme in die Hand zu geben.)

Vertiefung

Umsetzung

Wir legen das große schwarze Tuch in der Mitte aus. Alle werden gebeten, ihre Pappflammen zu einem großen Feuer auf dem Tuch zusammenzulegen. Sie bilden das große Feuer der Begeisterung für Jesus, das zum Pfingstfest gehört.
Alternativ können die Flammen auch auf ein großes schwarzes Plakat geklebt und in der Kirche oder im Gemeindehaus einige Zeit aufgehängt werden.

(Wenn die Kinder nach Hause gehen, wird das große Feuer wieder »geplündert«. Jedes Kind darf sich eine Feuerzunge mitnehmen. Das entfällt, wenn die Flammen aufgeklebt werden.)

An Pfingsten in Jerusalem

An Pfingsten feiern wir,
dass der Heilige Geist
zu den Jüngern kommt
und sie vielen Menschen
von Jesus erzählen.

Menschen aus aller Welt
hören den Jüngern zu,
die von Jesus erzählen.
Sie lassen sich taufen,
weil sie auch zu Jesus
gehören wollen.

(Illustration: Rüdiger Pfeffer, aus: »Komm, mal mit mir 1«, © Deutsche Bibelgesellschaft, Stuttgart 2000, Seite 18/19.)

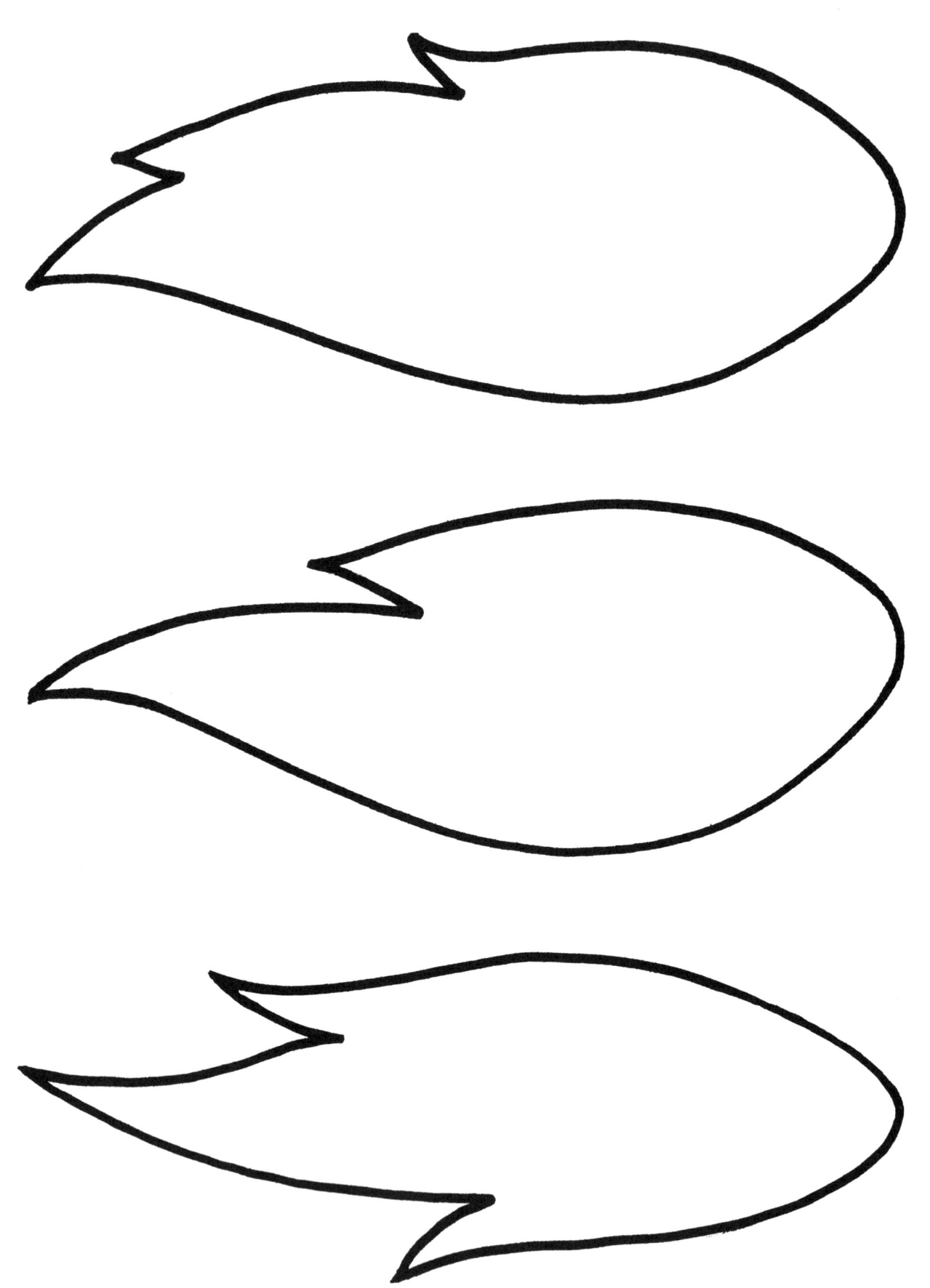

Erntedankfest:
Gleichnis vom reichen Kornbauern

(nach Lukas 12)

Wir wollen mit den Kindern das Gleichnis vom reichen Kornbauern in leichter Abwandlung spielen. (Der Kornbauer soll z.B. nicht sterben, das finden wir für das Alter der Kinder zu drastisch.) Die einfache Botschaft soll sein: wer alles für sich behält, ist einsam und verliert alles. Wer teilt, was er hat, erlebt Gemeinschaft. Das wollen wir auch ganz praktisch durchführen, indem wir für die Hälfte der Kinder (und Erwachsenen) etwas zu essen mitbringen, so dass geteilt werden muss, damit alle etwas abbekommen.

Material

— Handpuppe Lucy (Anleitung zur Herstellung s. Seite 116),
— dunkler Umhang und ein Hut für den Bauern,
— Chiffontücher in rot, orange und gelb,
— Brötchen, die jeweils von zwei oder drei Kindern geteilt werden sollen.

Begrüßung

Die Handpuppe Lucy erzählt, dass sie heute im Kindergarten war: Aber stellt euch vor, meine Mama hat doch vergessen, mir etwas zu essen mitzugeben. Alle anderen setzten sich hin und frühstückten, nur ich saß da und hatte nichts zu essen. Ist euch das auch schon mal passiert?
Lucy kommt ins Gespräch mit den Kindern und fragt, was die Kinder denn dann gemacht hätten: einfach gehungert, oder hätten sie an Lucys Stelle jemanden gefragt, ob sie etwas bekommen können. Oder wie wäre es für die anderen gewesen, die etwas zu essen mitgebracht haben? Hätten sie ihr etwas abgegeben? Wenn alle nur ein bisschen abgeben, dann wäre Lucy ja leicht satt geworden!
Sie erzählt, dass ihr zwei Freundinnen etwas abgegeben haben. Heute spielen wir auch so eine Geschichte, wo einer ganz reich war, aber nichts abgeben wollte.

Geschichte (nach Lukas 12,16–21)

Die Geschichte wird von der Erzählerin (E) gesprochen, die gleichzeitig die Kinder zum Spielen anleitet. Ein weiteres Teammitglied spielt den Bauern (B).

E: Jesus hat einmal eine Geschichte erzählt, die wir jetzt erzählen und spielen wollen. In dieser Geschichte spielt ein besonderes Haus eine Rolle. Es ist eine Scheune. Wer weiß denn, wozu Scheunen da sind?
   (Die Kinder erzählen.)

Die Geschichte

33

Die Geschichte

In der Scheune wird die Ernte für den Winter gesammelt, damit wir alle genug zu essen haben. Jetzt brauche ich vier große Kinder, die eine Scheune bauen.

(Zwei Kinder stehen nebeneinander und zwei stehen einander gegenüber, alle halten die Hände oben in der Mitte zusammen, so dass ein kleines Haus entsteht.)

B: *(geht um die Scheune herum.)* Ich bin der Bauer und mir gehört diese schöne Scheune. Sie war immer groß genug. Ich konnte immer alles, was ich geerntet habe, darin für den Winter sammeln. Aber dieses Jahr habe ich soviel geerntet, soviel Korn und soviel Äpfel und Birnen ... jetzt reicht diese kleine Scheune nicht mehr aus. Ich muss wohl eine neue größere Scheune bauen.

E: Wir helfen dem Bauern, eine große Scheune zu bauen.

(Es werden noch vier weitere große Kinder dazugestellt.)

B: *(geht um die Scheune herum.)* Toll, meine große neue Scheune. Ich habe so viel geerntet, jetzt kann ich mich ausruhen und habe den ganzen Winter genug zu essen, und vielleicht ja auch noch länger. Bestimmt. So viel hatte ich noch nie. Jetzt kann ich mich zur Ruhe setzen. Ich habe vorgesorgt.

E: Da kommt eine Familie vorbei.

(Es werden einige Kinder als Familie zusammengestellt und vor den Bauern geführt.)

Die Familienmitglieder sagen: »Ach, lieber Bauer, du hast so viel geerntet. Wir haben solchen Hunger und wir haben nichts für den Winter zu essen. Kannst du uns nicht etwas geben? Wir haben dieses Jahr gar nichts geerntet. Wir haben solchen Hunger und haben Angst, dass wir nicht durch den Winter kommen.«

(Die Kinder werden angeleitet, mit in diese Worte einzustimmen.)

B: Nein. Das ist alles meins. Ich habe mir doch nicht den Rücken krumm gearbeitet, nur damit ich jetzt etwas verschenke. Das gehört alles mir! Ich brauche das alles selber! Geht weg!

E: Jesus hat diese Geschichte erzählt. Aber er hat gesagt, dass der Bauer etwas falsch gemacht hat. Was könnte das sein?

(Die Kinder werden gefragt. Mögliche Antworten: der Bauer hat nichts abgegeben, nicht Gott gedankt. Wir bekommen alles von Gott geschenkt, wir sorgen für uns selber und sollen auch für andere sorgen.)

E: In der Nacht brennt die Scheune ab, weil ein Blitz einschlägt, und so hat der Bauer alles verloren, was er vorher für sich allein gesammelt hatte.

(Die Erzählerin geht mit den verschiedenfarbigen Chiffontüchern hinter die Scheune und bewegt sie wie ein Feuer, die Kinder, welche die Scheune darstellen, werden dazu angeleitet, in die Knie zu gehen und sich ganz klein zu machen.)

Umsetzung

Das Teilen und Abgeben ist gar nicht so einfach. Der Bauer in der Geschichte wollte nichts abgeben, er blieb allein, und am Schluss hat er sogar noch alles verloren.

Wir wollen das Teilen jetzt mal ausprobieren. Heute haben wir Brötchen für die Kinder mitgebracht, aber es sind nicht genug Brötchen da. Die Brötchen reichen nur für jedes zweite Kind. Was können wir denn da machen? Sollen wir die Brötchen, die wir haben, einfach austeilen. Aber das wäre ja ungerecht, wenn nur die, die zufällig ein Brötchen abbekommen, etwas essen können, und die anderen, die zufällig keines haben, können nichts essen.

Wir erarbeiten mit den Kindern die Idee, dass wir die Brötchen, die wir haben, austeilen, und dass die Kinder selbst untereinander die Brötchen teilen. Dann haben alle etwas zu essen. Das ist gerecht.

Und noch etwas ist wichtig: alle, die ein Stück Brötchen in die Hand bekommen, bedanken sich dafür. So wie wir uns am Erntedankfest bei Gott für alles bedanken, was wir zum Leben haben: für Essen und Trinken und Freundschaft und Liebe und vieles mehr.

Die Kirche gemeinsam entdecken

Kirchenpädagogik

Gottesdienste und Veranstaltungen unter dem Stichwort »Kirchenpädagogik« sind seit einigen Jahren in vielen Gemeinden etabliert und verbreitet. Der Ausgangspunkt ist dabei die Erkenntnis, dass ein Kirchraum selbst auch »predigt« und zwar mit allem, was in einer Kirche mit unseren Sinnen wahrzunehmen ist. Da gibt es vieles zu entdecken: einen Altar, die Kanzel, das Taufbecken, ein Kreuz, eine Orgel, Statuen, Bilder mit Geschichten an Wänden und Fenstern, den Raum selbst, Licht und Dunkelheit und vieles mehr.

Alles zusammen erzeugt in uns ein bestimmtes Gefühl von Religion und Glauben. Ein uns vertrauter Kirchenraum kann zu unserem Wohlbefinden und unserer Beheimatung in einer Kirche bzw. im Glauben beitragen. Und das ist ja auch ein Teil dessen, was wir den Kleinsten anbieten möchten, nämlich mit »ihrer« Kirche vertraut zu werden, in der sie sich wohl fühlen und ein Stück Heimat erleben können.

Jede Kirche ist einzigartig und kann aufgrund ihrer Besonderheiten in ganz eigener Weise von Kindern (und Erwachsenen) entdeckt und »begriffen« werden. Ich verweise in diesem Zusammenhang besonders auf die angegebene Literatur, die viele Anregungen bereithält, um sich dem eigenen Kirchraum anzunähern (s. Seite 120)

Zur Vorbereitung auf diese Themeneinheit hatten wir als Team der »Mini-Gute-Nacht-Kirche« eine Kirchenpädagogin aus dem PTI (Pädagogisch-Theologisches Institut) unserer Landeskirche eingeladen, die uns half, die uns vertraute Kirche neu wahrzunehmen, und die uns die Augen für viel Neues geöffnet hat. Gleichzeitig gab sie uns auch wertvolle Ideen, die wir bei der Gestaltung der »Mini-Gute-Nacht-Kirche« umgesetzt haben. Das nachfolgend beschriebene Projekt soll dazu anregen, in ähnlicher Weise mit den Kindern in der eigenen Kirche auf Spurensuche zu gehen.

Die Kirchenmaus als Begleiterin der Kinder

Die Kirchenmaus ist eine Handpuppe, die durch das gesamte Projekt geführt hat. Sie war immer dabei und hat die Kinder schon während der Begrüßung in das Thema eingeführt. Bei uns trägt die Kirchenmaus den Namen Fips.

Die Kirchenerkundung findet im Gottesdienst an Stelle der Geschichte statt (s. zur Liturgie Seite 9). Die Reihe war bei uns auf drei Gottesdienste verteilt. Wir erkundeten mit den Kindern die Orgel, den Altar und das Taufbecken.

Die Autorin mit der »Kirchenmaus« ▷

Foto: Sven Salzmann

Die Orgel

Material

— Handpuppe »Kirchenmaus Fips«
— Mitgebsel: eine Mini-Zugflöte (zu beziehen bei: Verlag Der Jugendfreund, s. Seite 120)

Begrüßungsteil

Die Maus begrüßt die Kinder und stellt sich erst einmal vor. Sie wohnt in der Kirche. Am liebsten mag sie es, wenn ganz viele Kinder da sind. Und am allerliebsten hört sie die Orgel! Es ist so schön, wenn die Orgel spielt. Dieses Instrument ist so schön laut. Und wenn alle kräftig mitsingen, dann traut sie sich auch, ein wenig zu singen.
Sie kommt mit den Kindern darüber ins Gespräch, ob sie auch gerne singen und Musik mögen. Dann singen die Kinder mit der Kirchenmaus zusammen das Begrüßungslied (s. Seite 10), dabei geht die Maus herum und reicht den Kindern die »Hand«.

Orgelerkundung

Aktion

Wir gehen zum Zeitpunkt, an dem wir sonst die Geschichte hören, nach oben auf die Orgelempore. Dort erwartet uns schon die Organistin, mit der wir die Orgel erkunden wollen. Das Vorgehen bei der Erkundung muss vorher natürlich mit der Organistin abgesprochen werden, zumal wenn sie nicht mit der Arbeit mit Kleinkindern vertraut ist. Die Orgelerkundung könnte folgenden Verlauf nehmen:

— Die Organistin spielt zunächst ein kurzes Lied, das die Kinder vom Gottesdienst her kennen. Die Kinder werden gefragt, ob sie es erkannt haben.
— Die Kinder lernen verschiedene Orgelpfeifen kennen (gibt es manchmal beim Abbau einer Orgel zu erwerben) und dürfen ggf. auch mal hineinblasen. Es gibt Holzpfeifen und Metallpfeifen. Bei den letzteren ist Vorsicht geboten, da die Pfeifen bleihaltig sind. Die Kinder sollten nicht mit dem Mund direkt die Pfeifen berühren, sondern entweder die Hand wie ein Rohr davorhalten oder durch einen vorgesetzten Schlauch blasen. Man kann raten lassen: Wie viele Pfeifen hat wohl die Orgel insgesamt? (Bei uns sind es ca. 2500.)
— Die Organistin spielt einen Ton, die Kinder zeigen, aus welcher Richtung er kommt, wo also die Orgelpfeife lokalisiert ist.
— Hohe und tiefe Töne werden unterschieden je nach Länge der Pfeife.
— Die Kinder bekommen eine »Mini-Zugflöte« (s. Material) zu sehen. Der Ton verändert sich: er wird höher, wenn ein Schieber nach innen geschoben und die Pfeife kürzer wird. Jedes Kind bekommt so eine Pfeife als Mitgebsel nach dem Segen.
— Die Orgelpfeifen können unterschiedliche Instrumente nachahmen. Die Kinder sollen raten, welches Musikinstrument jeweils nachgeahmt wird (Flöte, Geige, Trompete, ...) Das geht nur, wenn auch ältere Kinder dabei sind, die diese Instrumente kennen.
— Wer von den Kindern möchte auch mal auf der Orgel spielen?
— Zum Abschluss singen wir noch ein Lied mit Orgelbegleitung.

37

Der Altarraum unserer Kirche. Im Vordergrund das Taufbecken, links davon der Regenbogen mit den »Tauftropfen« (siehe dazu. Seite 40).

Der Altar (vgl. auch Abb. auf Seite 24)

Material

— Handpuppe »Kirchenmaus Fips«
— Mitgebsel: »Mein Jugendfreund-Kirchen-Malbuch« (zu bestellen bei: Verlag Der Jugendfreund, s. Seite 120). Oder etwas, das einen Bezug zum jeweiligen Altar hat. Bei uns ziert z.B. eine Lutherrose (das Wappen der Familie Martin Luthers) die Vorderseite des Altars. In der Mitte ist ein Herz zu sehen, so bekamen alle Kinder eine Art Traubenzucker-Herz zum Essen geschenkt. Möglich wäre auch ein Bild der Lutherrose zum Ausmalen. (Ebenfalls in dem genannten Malbuch enthalten.)

Vorbereitung

Alles wird vom Altar geräumt und unter einem großen Tuch versteckt, so dass die Kinder nichts von dem sehen, was sonst auf dem Altar steht.

Begrüßung

Die Kirchenmaus begrüßt wieder die Kinder und erzählt, dass ihr manchmal langweilig ist, wenn so lange keiner in die Kirche kommt. Dann macht sie auch schon mal Unfug. Heute war ihr wieder mal so langweilig, dass sie sich etwas Lustiges ausgedacht hat. Sie fragt die Kinder, ob sie schon gesehen haben, was sie gemacht hat. Die Maus hat nämlich den Altar abgeräumt und alles unter einem großen Tuch versteckt. Was ist denn der Altar? (Der Tisch, auf dem alles steht, was Gott uns schenkt.)

Altarerkundung

Aktion

Die Kinder überlegen, was sonst immer auf dem Altar steht. Die erratenen Gegenstände werden einzeln unter dem Tuch hervorgeholt. Gemeinsam wird überlegt, warum sie auf dem Altar stehen. Dann werden diese Sachen dort abgestellt.
Die Blumen sind ein Zeichen für das, was Gott uns Schönes in seiner Schöpfung schenkt. Die Kinder können die Farben der Blumen beschreiben,

eventuell einzelne Namen nennen und an ihnen riechen. Die Kerzen (Gott schenkt uns das Licht.) werden angezündet.

Die Bibel (Gott schenkt uns Geschichten, die uns Mut zum Leben machen.) wird den Kindern in die Hand gegeben. Sie ist groß und schwer. Gemeinsam wird überlegt, was da wohl alles drin geschrieben steht. Bei uns wurde von einem Kind auch das Mikrofon als Gegenstand, der auf den Altar gehört, genannt. Wir hatten es aber gar nicht unter das Tuch gelegt, sondern in der Sakristei verschwinden lassen. Der Vollständigkeit halber sollte es also durchaus auch unter dem Tuch versteckt werden! (Das Mikrofon ist dafür da, dass alle in der Kirche gut hören können, welche Gebete an Gott gerichtet werden. Gott braucht allerdings kein Mikrofon, um uns zu verstehen.)

Wenn der Altar wieder geschmückt ist, können die Kinder als Teil der Erkundung unter dem Altar hindurch krabbeln, und danach tanzen wir um den Altar im Kreis herum. Dann sind wir schon im Altarraum für unseren Schlussteil mit Lied, Gebet und Segen (zur Liturgie s. Seite 9ff.).

Das Taufbecken

Material

- — Handpuppe Kirchenmaus
- — Babybadehandtuch
- — Wasser für das Taufbecken
- — Mitgebsel: Ein kleines Büchlein zum Thema »Gebet« (s. Hinweis Seite 40) oder eine Stumpenkerze (mit Verzierwachs-Plättchen, zubeziehen bei: Verlag Der Jugendfreund s. Seite 120) oder ein Tattoo (ebenfalls lieferbar bei: Verlag Der Jugendfreund).

Begrüßung

Die Kirchenmaus ist heute in ein kleines Babykapuzenhandtuch eingehüllt. Sie muss sich nämlich erst einmal abtrocknen, weil sie ganz nass geworden ist. Die Kinder sollen raten, was die Maus gemacht hat. Einige kommen auch dahinter, denn um das Taufbecken herum sind Wasserspritzer auf dem Fußboden zu sehen.

Im Taufbecken ist Wasser, und die Kirchenmaus hat wohl im Taufbecken gebadet. Die Maus fragt die Kinder, wer denn schon getauft ist? Wer weiß denn, was bei einer Taufe passiert?

Taufbeckenerkundung

Wir laden die Kinder ein, einen Kreis um das Taufbecken zu bilden, so dass alle etwas sehen können. Zunächst gehen die Kinder in die Hocke und sehen sich den unteren Teil des Taufbeckens an, das bei uns von drei Engeln getragen wird (s. Abbildung rechts und auf der nächsten Seite oben).

Diese Engel haben unterschiedliche Haltungen, es sind Gebetshaltungen.

Die Kinder stellen die drei Engel nach, und wir überlegen, was die Engel wohl beten könnten.

Aktion

39

Aktion

Drei Engel in verschiedenen Gebetshaltungen tragen das Taufbecken.

Dann »arbeiten« wir uns nach oben vor: Welche Bilder sind im oberen Teil auf dem Taufbecken zu sehen? Die Kinder benennen den Fisch, die Taube, das Kreuz und die Buchstaben Alpha und Omega, die wir ihnen erklären. (Das sind der erste und der letzte Buchstabe des griechischen Alphabets, und Jesus hat mal gesagt: ich bin das Alpha und das Omega, ich bin der Anfang und das Ende, d.h. Jesus ist immer da.) Sie sollen suchen, wo die Buchstaben noch einmal zu finden sind. Sie entdecken beide auf der Osterkerze, die in der Nähe des Taufbeckens steht.

Zum »Taufensemble« gehört noch ein großer Regenbogen aus Holz, der sich an der Wand hinter dem Taufbecken befindet (s. Abbildung). Dort sind die getauften Kinder auf »Tauftropfen« mit Bild, Namen, Taufspruch, Geburts- und Taufdatum zu finden. Manche Kinder können sich bei uns schon ihren »Tauftropfen« ansehen.

Zum Abschluss der Taufbeckenerkundung bekommt jedes Kind ein Wasserkreuz auf die Stirn gezeichnet, begleitet von dem Segenswort »Gott segne dich«.

Das war ein dichter Moment und etwas ganz Besonderes für viele Kinder. Unsere kleine Tochter (3) sagte später zu Hause, dass wir das noch mal irgendwann machen sollten mit dem Wasserkreuz.

▶ *Hinweis:* Bei den Verlagen Katholisches Bibelwerk und Junge Gemeinde sind in Koproduktion zwei kleine Bändchen zum Thema »Gebet« erschienen, die sehr preiswert erhältlich sind:

Gott, du bist so gut
ISBN 3-460-30481-2 (Katholisches Bibelwerk)
ISBN 3-7797-0372-6 (Junge Gemeinde)

Ich bete wie Jesus
ISBN 3-460-30483-9 (Katholisches Bibelwerk)
ISBN 3-7797-0373-4 (Junge Gemeinde)

Biblische Geschichten

■ Die Urgeschichte

Die Urgeschichte am Beginn des Alten Testaments führt uns an die Anfänge allen Lebens zurück, auch an die Anfänge unseres menschlichen Lebens. Gleichzeitig gibt sie eine Antwort auf die Fragen nach dem Woher, die bei Kindern im Alter von circa vier Jahren auftauchen. Die in einer einfachen Form erzählte Schöpfungsgeschichte gibt eine kindgemäße Antwort: Gott hat alles geschaffen, eines nach dem anderen, und es war gut so. Was dann daraus geworden ist, machen die nachfolgenden Geschichten deutlich.

Wir brauchen keine Angst zu haben, die Kinder könnten etwas nicht verstehen, nur weil wir selbst inzwischen andere Fragestellungen und Verstehensmöglichkeiten haben. Kinder haben ihren eigenen Verstehenshorizont und erfassen die Geschichten so, wie es ihnen im Moment gegeben und hilfreich ist. Je älter sie werden, desto differenzierter werden sie sich dann auch mit ihnen auseinander setzen.

Es bietet sich an, die fünf Geschichten nacheinander in einem Zyklus zu behandeln.

Die Schöpfung

(1. Mose / Genesis 1,1–2,4)

Material

— Handpuppe Lucy (Anleitung zur Herstellung s. Seite 116)
— Mitgebsel: eine Muschel (im Urlaub selbst gesammelt)

Zur Gestaltung sind viele Requisiten nötig. Mit den Kindern soll gemeinsam ein Bild gelegt werden, auf dem Stück für Stück die ganze Schöpfung mit allem, was dazu gehört, entsteht.

Am Eingang dürfen sich die Kinder und auch die Eltern etwas aus einem Korb nehmen, der gefüllt ist mit einem Teil der nötigen Requisiten, wie: Sterne, Mond, Sonne (z.B. aus Goldpapier gebastelt; Vorlage s. Seite 46).

Die Sterne werden erst aus Pappe ausgeschnitten und dann mit Goldfolie beklebt. Dazu kann man noch einige Goldpapierreste als Goldkugeln zusammenknüllen.

Tiere, Muscheln und Fische (aus Holz oder aus Pappe selbst anfertigen und mit Glitzerstiften betupfen; Vorlagen s. Seiten 48/49), Menschen (religionspädagogische Biegepüppchen, Playmobilfiguren oder nach der Vorlage Seite 47 aus bunter Pappe zum Aufstellen), Federn (für die Vögel), Blumen (z.B. aus Holz oder Legesteinen). Gerne legen die Kinder auch Glasnuggets zur Verzierung aus. Die meisten Dinge finden sich im Haushalt mit Kindern und vieles kann leicht besorgt werden.

Der Grundstock für ein solches »Schöpfungsbild« sind eine Anzahl von Tüchern (Bezugsadressen werden Seite 120 genannt.): ein großes schwarzes Tuch aus Pannesamt oder Baumwolle, das als Untergrund für das Bild dient. Dann Chiffontücher in blau und weiß (für den Himmel), in grün (für das Gras) und in gelb (für das Licht). Schließlich festere Baumwolltücher in braun (für das Land und den Berg), in grün (für die Bäume), in blau (für das Wasser als Meer und Flüsse).

Als Klangelement kann eine Triangel, eine Zimbel oder eine Klangschale eingesetzt werden (Bezug bei Verlag Junge Gemeinde, s. Seite 120). Schön ist es ebenfalls, wenn ein »Regenmacher« zum Einsatz kommen kann.

Begrüßung

Im Begrüßungsteil führt die Handpuppe Lucy in das Thema ein. Sie erzählt, dass sie sich heute überlegt hat, wo eigentlich alles herkommt, und wie alles so entstanden ist.

Geschichte

Die Geschichte

Der folgende Text ist die »Regie« zum Legen und Erstellen der Schöpfungsgeschichte. Eine aus dem Team liest vor, und die anderen machen die Legearbeiten (Anweisungen in Klammern) gemeinsam mit den Kindern.

An den passenden Stellen wird das Lied »Wer lässt die Sterne strahlen« (s. Seite 11) strophenweise eingestreut. Das Lied wird bei diesem Thema also nicht extra vor der Geschichte gesungen, sondern eingearbeitet.

Einmal vor ganz, ganz langer Zeit da machte Gott die Erde und alles, was lebt. Gott brauchte sieben Tage lang, um alles zu erschaffen. Und diese sieben Tage, die wollen wir euch jetzt erzählen und mit euch hier in der Mitte nachlegen. Ihr habt alle am Eingang etwas aus dem Korb genommen, das dürft ihr nachher auch jeweils dazulegen.

43

Die Geschichte

1. Tag

(Das ausgewählte Klanginstrument erklingt.)

Am ersten Tag war die Erde wüst und leer, und es war ganz dunkel auf der Erde. Es war noch nichts da und es war gar nichts zu sehen.
(Ein großes schwarzes Tuch in die Mitte legen oder mehrere Tücher zusammenfügen.)

Und Gott sprach: es werde Licht. Und dann gab es den Tag, der war hell,
(Einmal mit einem gelben Chiffontuch über das schwarze Tuch streifen.)
und die Nacht, die war dunkel.
Und so war der erste Abend und Morgen da.

2. Tag

(Das ausgewählte Klanginstrument erklingt.)

Alles war noch mit Wasser bedeckt.
(Das schwarze Tuch im unteren Teil mit blauen Baumwolltüchern für das Wasser bedecken und blaue Chiffontücher für den Himmel in den oberen Teil legen. Das schwarze Tuch ist ganz abgedeckt.)

Am zweiten Tag trennte Gott den Himmel von der Erde.
(Die Tücher auseinander legen: Chiffon nach oben für den Himmel, Baumwolle nach unten für das Land.)
Und so war der zweite Abend und Morgen da.

3. Tag

(Das ausgewählte Klanginstrument erklingt.)

Die Erde war ganz mit Wasser bedeckt. Da sprach Gott: Das Wasser soll sich sammeln in den Meeren und Seen und es soll Land geben, das trocken ist.
(Die blauen Baumwolltücher zusammenschieben, dazwischen braune Tücher für die Berge – aufgetürmt hinlegen – und ockerfarbene für das Land legen.)

Gott sprach: Nun soll auf der Erde wachsen das Gras und das Kraut und die Bäume.
(Grüne Chiffontücher für das Gras ausbreiten und grüne Baumwolltücher für die Bäume hinstellen. Dafür die Tücher wieder aufgetürmt hinstellen.)

Und Gott schickte den Regen, damit alles wachsen konnte.
(Kann z.B. mit dem »Regenmacher« erzeugt werden.)

Und das Gras wuchs, und Blumen fingen an zu wachsen.
(Blumen legen, siehe oben.)

Lied: »Wer lässt die Blumen wachsen« (s. Seite 11)

Und so war der dritte Abend und Morgen da.

4. Tag

(Das ausgewählte Klanginstrument erklingt.)

Und Gott machte die Lichter am Himmel: die Sonne für den Tag und den Mond, der nicht so hell ist, für die Nacht. Und damit der Mond nicht so allein ist, hat Gott noch viele Sterne am Himmel gemacht.
(Gemeinsam mit den Kindern Sonne, Mond und Sterne an den Himmel legen.)

Am Tag schien die Sonne und in der Nacht der Mond und die Sterne.

Lied: »Wer lässt die Sterne strahlen« (s. Seite …)

So war der vierte Abend und Morgen da.

5. Tag
(Das ausgewählte Klanginstrument erklingt.)

Und Gott schuf viele Fische, die im Wasser leben sollten.
(Fische ins Wasser legen und, falls vorhanden, die Muscheln dazu.)

Und dann machte Gott die Vögel, ganz viele unterschiedliche.
(Federn für Vögel hinlegen.)

Lied: »Wer lässt die Vögel fliegen« (s. Seite 11)

So war der 5. Abend und Morgen da.

6. Tag
(Das ausgewählte Klanginstrument erklingt.)

Und Gott sagte: Die Erde soll viele Tiere, die auf dem Land leben, hervorbringen.
(Tiere auf das Land legen.)

Und ganz am Schluss, da machte Gott uns Menschen: Frauen und Männer, Mädchen und Jungen.
(Menschen dazustellen.)

Lied: »Wer machte dich und mich« (s. Seite 11)

So war der 6. Abend und Morgen da.

7. Tag
(Das ausgewählte Klanginstrument erklingt.)

Und am siebten Tag ruhte Gott sich von der ganzen Arbeit aus. Er sah sich alles an, was er gemacht hatte. Gott freute sich über alles, was da war, und was lebte. Er segnete die Menschen, die Tiere und die Pflanzen. Auch wir stehen nun auf und schauen uns die Schöpfung an, die wir gemeinsam hier geschaffen haben und erfreuen uns daran. Und segnen alles, was da ist.
(Alle, auch die Kinder, machen eine Segensbewegung mit den Händen.)

So war der siebte Abend und Morgen da.

(Bastel- und Kopiervorlagen) ▷

46

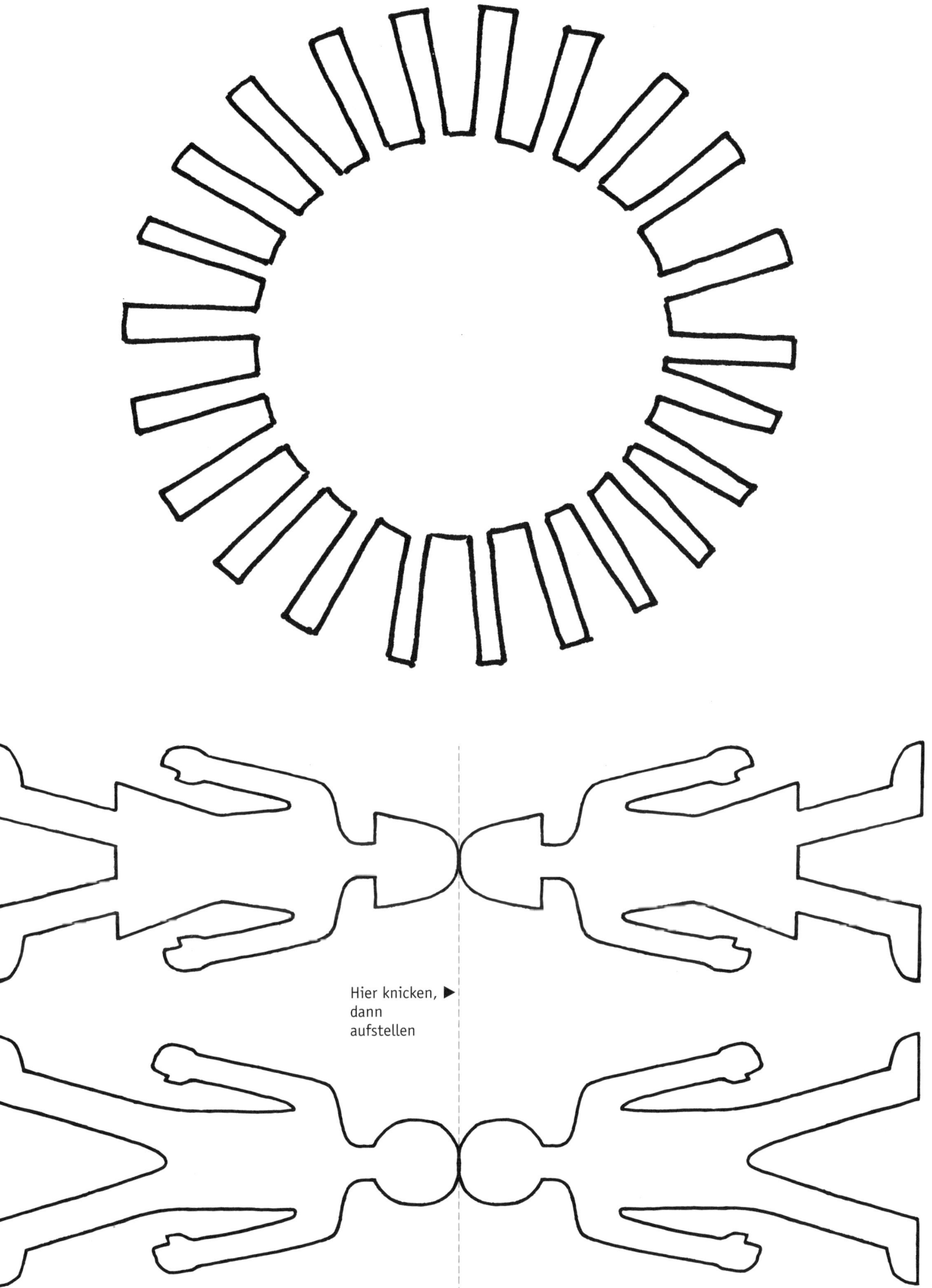

Hier knicken, ▶
dann
aufstellen

Vorlagen evtl. vergrößern, auf Karton kopieren, ausschneiden, knicken und aufstellen.

49

Die Vertreibung aus dem Paradies

(1. Mose / Genesis 3)

Material

— Handpuppe Lucy (Anleitung zur Herstellung s. Seite 116)
— Mitgebsel: Apfelstückchen und Weingummischlange

Zur Vorbereitung dieses Themas haben wir zwei Holzpuppen, die stehen können (s. Abbildung rechte Seite), von einem Tischler herstellen lassen und eine Schlange als Handpuppe selbst angefertigt (kann auch in einem Spielwarengeschäft erworben werden). Die Schlange wird in den Baum gelegt.
Einen großen Holzbaum gab es in unserer Gemeinde schon. Wir haben den Holzbaum aufgestellt und mit Draht Zweige und Blätter darangebunden und einige Äpfel aufgehängt.
Für Adam und Eva lagen hinter dem Baum zwei große Pannesamttücher, die sie am Schluss umgehängt bekamen.

Begrüßung

Die Handpuppe Lucy führt bei der Begrüßung in das Thema ein und erzählt den Kindern, dass sie immer sehr neugierig ist. Sind die Kinder auch neugierig? Sie selbst möchte immer alles wissen. Denn nur so kann sie ja immer mehr dazulernen und größer werden und wachsen! Heute werden die Kinder Adam und Eva kennen lernen, die ersten Menschen, die waren auch ziemlich neugierig.

Die Geschichte

Geschichte

Die folgende Geschichte haben wir ein paar Male vorher durchgespielt und konnten sie dann frei spielen. Die Erzählerin (E) spielt auch die Schlange (S). Später tritt sie etwas zur Seite und spricht auch Gott (G). Eine Mitarbeiter/in spielt Adam (A) und eine andere Eva (Ev). Man kann die Rollen auch noch mehr verteilen.

E: Letzte Woche haben wir gehört und gesehen, wie Gott die Erde geschaffen hat, auch alle Tiere, und am Schluss die Menschen. Die ersten beiden Menschen hießen Adam und Eva. Sie lebten im Paradies. Das war ein großer Garten mit vielen schönen Bäumen und mit allem, was Adam und Eva so zum Essen brauchten.
Und Gott hatte zu ihnen gesagt: Ihr dürft alles essen, nur von dem einen Baum in der Mitte dürft ihr nichts essen. Wer von diesem Baum isst, der weiß, was gut und was böse ist. Wer davon isst, der muss sterben.

Hier steht der Baum, von dem Adam und Eva nicht essen dürfen. Da sind Adam und Eva. Und auf dem Baum lebt auch eine Schlange. Die Schlange ist das klügste Tier. Eines Tages sprach sie zu Eva:

50

S: Hat Gott wirklich gesagt, dass ihr nicht von allen Bäumen essen dürft?

Ev: Wir dürfen eigentlich von allen Bäumen essen, nur nicht von dem hier in der Mitte. Gott hat gesagt, dass wir dann sterben werden, wenn wir davon essen.

Die Geschichte

S: Nein, ihr werdet nicht sterben, sondern ihr werdet so klug sein wie Gott, wenn ihr davon esst. Hier, probier doch mal diesen Apfel, Eva! *(Nimmt einen Apfel mit dem Mund und gibt ihn Eva.)*

Ev: *(isst den Apfel)*
Hm, der schmeckt aber gut. Komm mal her, Adam, probier doch mal.

A: Hm lecker. *(Adam bekommt den Apfel umgehängt.)*

Ev: O Adam, weißt du, was ich auf einmal sehe? *(Beide schauen sich an.)* Wir sind ja nackt! Komm, wir verstecken uns hinter dem Baum, ich schäme mich.
(Beide verstecken sich hinter dem Baum.)

E: Am Abend kommt Gott in den Garten und ruft:

G: Adam, wo bist du?

A: Hier hinter dem Baum! Ich habe mich versteckt, weil ich nackt bin, und ich habe Angst.

G: Wer hat dir gesagt, dass du nackt bist? Hast du etwa von dem Baum gegessen, von dem du nichts essen solltest?

Die Geschichte

A: Ja, Eva hat mir davon zu essen gegeben.

G: Eva, warum hast du das getan?

Ev: Die Schlange hat mir davon zu essen gegeben.

G: Schlange, du sollst von nun an auf dem Boden kriechen, weil du das getan hast. Und ihr, Adam und Eva, dürft nicht mehr im Paradies wohnen. Geht hinaus in die Welt. Dort sollt ihr leben und hart arbeiten. Ich gebe euch noch Felle, die ihr anziehen könnt.
(Beide bekommen Tücher umgelegt.)
So, und nun geht hinaus aus dem Paradies.
(Adam und Eva gehen weg.)

Ev: Schön, dass Gott uns nicht verlässt, sondern weiter für uns sorgt. Die Felle schützen uns.

Nach dem Segen essen alle zusammen (die Kinder und auch die Erwachsenen) Apfelstückchen und Weingummischlangen.

Kain und Abel

(1. Mose / Genesis 4,1–16)

Material

- Handpuppe Lucy (Anleitung zur Herstellung s. Seite 116)
- Für Abel: ein Fell zum Umlegen, einen hirtenstabähnlichen Stock und ein Stoffschaf.
- Für Kain: eine derbe Jacke oder ein Tuch und ein kleines Getreidebündel.
- Ein weißes Chiffontuch, das Rauch symbolisiert.
- Mitgebsel: eine Blume (Wir haben einen bunten Strauß Blumen aus dem eigenen Garten gepflückt, aus dem sich jedes Kind eine Blume aussuchen durfte.)

Begrüßung

Lucy erzählt den Kindern, dass sie sich gestern mit ihrer Freundin ganz arg gestritten hat. Sie und ihre Freundin haben sich ganz laut angeschrien und sind dann wütend voneinander weggelaufen.
Sie fragt: Habt ihr Kinder das auch schon mal erlebt?
Jetzt geht es Lucy schlecht. Sie möchte sich eigentlich nicht streiten. Heute werden wir die Geschichte von zwei Brüdern kennen lernen, die sich sehr gestritten haben.

Geschichte

Wer die Geschichte nicht selbst spielen will, kann den Text auch nutzen, um zwei religionspädagogische Biegepüppchen (s. Seite 120) in die Rollen schlüpfen zu lassen. Rollen: Erzählerin (E), Kain (K) und Abel (A), Gott (G):

E: Kain und Abel waren Brüder. Sie waren die Kinder von Adam und Eva.

A: Ich bin Abel. *(Er legt sich ein Fell um und nimmt einen Stab als Hirtenstab.)*
Ich bin ein Schäfer und hüte meine Schafe.
(Er zeigt den Kindern ein Stoffschaf.)
Ich bin der erste Sohn von Adam und Eva.

K: Ich bin Kain, der jüngere Bruder von Abel.
(Er legt sich eine derbe Jacke oder ein Tuch um.)
Ich bin Bauer. Ich arbeite viel auf den Feldern und baue Getreide an.
(Getreidebündelchen mitbringen)

A: Ich möchte Gott dafür danken, dass es mir so gut geht, dass ich viele Schafe habe. Ich werde Gott eines meiner besten Schafe opfern.
(Er nimmt ein weißes Chiffontuch und lässt es nach oben steigen, d.h. hinter ihm steht jemand, der auch die Stimme von Gott spricht und zieht das Tuch, das Abel ihm reicht, nach oben in die Luft.)

Gott freut sich über mein Opfer, er nimmt es an.

K: Ich will auch Gott danken und will Gott ein Rauchgeschenk machen.
(Er nimmt ein weißes Chiffontuch und hebt es nach oben, aber niemand steht da, um es nach oben zu ziehen, es bleibt in seiner Hand.)

Die Geschichte

(ärgerlich) Was ist das denn? Will Gott mein Opfer nicht annehmen?
(Er zieht ein finsteres Gesicht und schaut zu Boden.)

Na warte!
Komm mit mir, Abel, lass uns auf's Feld gehen.
(Beide gehen ein paar Schritte und dann holt Kain mit der Faust aus und streckt Abel zu Boden.)

G: *(nur als Stimme aus dem Verborgenen)* Kain, wo ist dein Bruder?

K: Woher soll ich das wissen?

G: Kain, was hast du getan? Die Stimme des Blutes deines Bruders schreit zu mir von der Erde. Er ist tot! Du bist verflucht, Kain.

K: O weh, ich muss nun fliehen und mich vor Gott verbergen und zusehen, dass mich niemand findet.

G: Kain, du hast Böses getan, dafür gibt es keine Entschuldigung. Aber du sollst deswegen nicht sterben, sondern trotzdem weiterleben.
(Kain geht gebeugt schleppenden Schrittes davon.)

Vertiefung

Umsetzung

Das war eine schlimme Geschichte. Kain hat seinen Bruder Abel so zu Boden geschlagen, dass er nicht mehr aufstehen konnte. Was können wir tun, damit so etwas nicht passiert?
Wir zeigen eine Faust, mit der Kain seinen Bruder zu Boden geschlagen hat, und fragen die Kinder, was wir tun können, damit sie wieder aufgeht?

1. VORSCHLAG: Wir können die Faust streicheln, damit sie aufgeht. Wir demonstrieren es. Dann sollen sich immer zwei Kinder zusammentun. Ein Kind schließt eine Hand zur Faust und das andere soll sie streicheln, bis sie sich wieder öffnet. Wir probieren das aus.

2. VORSCHLAG: Wir können dem anderen etwas schenken, dann muss er die Hand öffnen, um das Geschenk in Empfang zu nehmen. Wir künden an, dass jedes Kind sich im Anschluss an den Segen eine Blume aussuchen darf, die es dann vielleicht auch zu Hause an jemanden verschenken kann. Vielleicht ja auch an jemanden, mit dem es sich vorher gestritten hat.

Arche Noah

(1. Mose / Genesis 7–9,17)

Material

— Handpuppe Lucy (Anleitung zur Herstellung s. Seite 116)
— Eine Holzarche mit entsprechenden Tierpaaren (auch Raben und Tauben) und einer
 Familie (manche Kindergärten haben eine Holzarche, sonst kann man sich auch
 mit einem umgebauten Karton behelfen). Jedes Kind bekommt bei der Begrüßung an
 der Kirchentür bereits ein Tier in die Hand, wobei wir deutlich sagen, dass das Tier zum
 Mitspielen nachher bei der Geschichte gebraucht wird, und nicht mit nach Hause
 genommen werden soll.
— Ein echtes Blatt von einem Baum.
— Ein großes blaues Tuch.
— Ein großes regenbogenfarbenes Tuch oder eine große Stoffbahn, auf die ein Regenbogen gemalt ist (aber bitte die Farben richtig anordnen, nämlich so, dass rot oben
 und lila unten sind).
— Mitgebsel: ein Blatt Papier mit der Arche Noah und einem Regenbogen zum Ausmalen
 (siehe Kopiervorlage Seite 57)

Begrüßung

Lucy erzählt, dass sie einen Regenbogen gesehen hat. Lucy kommt mit den
Kindern über den Regenbogen ins Gespräch: Wer hat denn schon mal einen
echten Regenbogen am Himmel gesehen? Wie entsteht er, welche Farben hat
er. *(Bei uns hängt einer in der Kirche, so ist es leicht, sich die Farben zu vergegenwärtigen.: rot – orange –
gelb – grün – blau – violett.)*

Heute wollen wir eine Geschichte aus der Bibel kennen lernen, bei der dieser
Regenbogen ganz wichtig ist.

Geschichte

Die Geschichte

*Bei dieser Geschichte gibt es eine Erzählerin. Während sie spricht, führen die anderen die (in Klammern
gedruckten) Anweisungen gemeinsam mit den Kindern aus.*

Vor langer, langer Zeit war Gott sehr unglücklich, weil die Menschen alle sehr
böse geworden waren. Und Gott beschloss, mit den Menschen noch einmal
neu anzufangen. Es gab aber eine Familie, die war gut. Das war die Familie
von Noah und seiner Frau und seinen drei Söhnen mit ihren Frauen.
Eines Tages sagte Gott zu Noah: »Bau dir eine Arche, ein großes Boot. Denn
ich will einen großen Regen bringen, in dem nichts überlebt. Aber du und
deine Familie und von allen Tieren ein Paar soll in der Arche überleben.«
Und so baute Noah mit seiner Familie ein großes Boot. Und alle anderen
Menschen lachten ihn aus und sagten: »Was soll denn so ein großes Boot?«

(Eine Arche wird in die Mitte gestellt.)

Und als die Arche fertig war, sagte Gott zu Noah: »Such von allen Tieren ein
Paar, ein Männchen und ein Weibchen und bringe sie in die Arche.«

*(Wir beziehen nun die Kinder mit ein. Die Kinder haben am Eingang alle ein Tier in die Hand bekommen.
Nun stellen die Kinder unter unserer Anleitung die Tierpaare auf und in das Boot, dabei werden die Tiere
benannt und das zweite entsprechende Tier dazu gestellt.)*

55

Die Geschichte

Als alle Tiere auf der Arche waren und einen schönen Platz gefunden hatten, wo sie sich wohl fühlten, gingen auch die Menschen auf die Arche: Noah und seine Frau, ihre drei Söhne und deren Frauen.

(Die Menschen werden auch auf die Arche gestellt.)

Als nun alle, die gerettet werden sollten, auf der Arche waren, schloss Gott die Tür ab, und er ließ es regnen. Erst fing es ganz leise an zu regnen.

(Das Team klopft mit den Fingerspitzen auf den Fußbogen und lädt die Kinder zum Mitmachen ein.)

Dann wurde der Regen immer stärker. Und das ganze Land wurde mit Wasser bedeckt bis das Boot anfing zu schwimmen.

(Alle schlagen nun erst mit den Fäusten und dann mit den Handflächen auf den Boden. Es wird ein großes blaues Tuch um die Arche herum gelegt.)

Und es regnete noch mehr.

(Alle fangen an, in die Hände zu klatschen. Nach einer Weile hören alle auf.)

Es hatte 40 Tage und 40 Nächte ununterbrochen geregnet. Überall war Wasser, es war kein Land mehr zu sehen. Die Arche schaukelte auf dem Wasser. Es dauerte lange, bis das Wasser weniger wurde.

(Das blaue Tuch wird ein bisschen zusammengeschoben.)

Nach langer Zeit öffnete Noah ein Fenster und ließ einen Raben losfliegen, der flog immer hin und her, weil er keinen Baum fand, auf dem er sich niederlassen konnte. *(Ein Rabe wird von der Arche genommen, der losfliegt.)*

Danach ließ Noah eine Taube ausfliegen, weil er sehen wollte, ob sich die Wasser verlaufen hätten.

(Eine Taube fliegt los und kehrt wieder zur Arche zurück.)

Aber bald kommt die Taube zurück zur Arche, weil sie keinen Baum gefunden hatte, auf dem sie sich niederlassen konnte. Es war noch überall Wasser. Sieben Tage später ließ Noah die Taube noch einmal losfliegen.

(Die Taube fliegt los und bringt ein Blatt mit.)

Die Taube hatte ein Blatt im Schnabel, jetzt wusste Noah, dass das Wasser weniger wurde. Nach sieben Tagen ließ er die Taube noch einmal losfliegen, jetzt kehrte sie nicht mehr zurück.

(Die Taube fliegt los und verschwindet. Das blaue Tuch wird weggenommen.)

Da wusste Noah, dass es trockenes Land gab. Es dauerte nicht mehr lange, da gingen alle Menschen und Tiere aus der Arche und beteten zu Gott. Sie dankten ihm für ihre Rettung.

(Die Menschen und einige Tiere werden vor die Arche gestellt.)

Gott schickte den Menschen und Tieren einen Regenbogen. Gott sagte: »Gut, dass ihr lebt. Ich habe euch lieb. Ab jetzt soll nie wieder ein so großer Regen fast alle Menschen und Tiere vernichten, das verspreche ich euch.«

(Das Regenbogentuch wird über die Arche gehalten.)

Und die Menschen und Tiere freuten sich und fingen an zu tanzen. Und wir freuen uns mit über die Rettung. Denn Gott hatte die Menschen damals ebenso lieb wie uns heute. Daran erinnert uns immer der Regenbogen, wenn er am Himmel erscheint.

(Wir stehen auf und tanzen um den Regenbogen herum.)

Der Turmbau zu Babel

(1. Mose / Genesis 11,1–9)

Material

— Handpuppe Lucy (Anleitung zur Herstellung s. Seite 116)
— Zur Vorbereitung leihen wir uns aus dem Kindergarten große Duplosteine aus und legen ein paar solcher Steine schon aufeinander als Grundstock für eine Mauer.
— Mitgebsel: Wir haben ein Bild vorbereitet mit einer gemalten Mauer, deren Mauersteine das Wort Frieden in unterschiedlichen Sprachen tragen (s. Kopiervorlage Seite 60). Ein Mauerstein fehlt. Welcher es ist, kann von den Kindern erraten werden. Jedes Kind bekommt eine Kopie.

Begrüßung

Die Handpuppe Lucy begrüßt die Kinder und fragt, welche Sprache die anwesenden Kinder sprechen. Gibt es auch Kinder, die hier sind und eine andere Sprache kennen oder sogar sprechen können? Welche Sprachen? Lucy hat sich schon gefragt, wieso es eigentlich so viele verschiedene Sprachen gibt. Heute wird es dazu eine Geschichte geben.

Die Geschichte

Geschichte

Eine Mitarbeiterin übernimmt den Part der Erzählerin (E) und die anderen bauen. Im Team einigt man sich auf verschiedene Sprachen, die man beherrscht: deutsch, englisch, italienisch ...

E: Vor langer Zeit haben alle Menschen die gleiche Sprache gesprochen. Einmal kamen sie auf eine ganz besondere Idee. Sie sagten:

»Kommt, wir wollen mal einen ganz hohen Turm bauen, der bis in den Himmel reicht, damit wir berühmt werden. Und vielleicht können wir ja auch Gott sehen.«
»Au ja, los. Gib mir doch mal den Stein da.«
(Alle fangen an zu bauen, und es entwickeln sich Gespräche, die wir einfach frei erfunden und gespielt haben. Etwa so:)

»Gibst du mir mal den gelben Stein da drüben?«
»Nein, das geht nicht, den brauche ich selbst gerade.«
(Der Turm wird immer größer, während wir so eine Weile miteinander weiterreden und bauen.)

E: Gott gefiel das gar nicht, dass die Menschen einen so großen Turm bauten. Noch waren alle sich einig, aber wohin sollte der Übermut der Menschen führen. Er wollte ihnen eine Grenze setzen. Da verwirrte Gott ihre Sprachen. Jeder sprach eine andere Sprache, so dass die Menschen sich nicht mehr verstehen konnten.

(Wir fangen an jede in einer anderen Sprache, in deutsch, englisch und italienisch zu reden. Da wir uns nicht mehr verstehen, fangen wir an, unfreundlich zueinander zu werden und uns zu streiten, bis wir auseinander laufen. Der Turm bleibt halb fertig stehen.)

E: Seitdem haben die Menschen unterschiedliche Sprachen. Wir können alle nur eine Sprache sprechen. Die vielen anderen Sprachen können wir zunächst nicht verstehen. Wir müssen sie erst lernen.

Umsetzung nach dem Spiel

Vertiefung

Die Italienerin aus dem Team erzählt den Kindern, dass sie in Italien aufgewachsen ist und deshalb italienisch spricht wie alle Menschen dort. Sie bringt den Kindern das italienische Wort für Frieden bei: »pace«, das sie nachsprechen und sich dabei die Hand geben sollen. Wir fragen die Kinder, ob sie noch andere Sprachen kennen und sammeln fremdsprachige Worte für Frieden, die wir dann alle Kinder nachsprechen lassen.

peace
(englisch)

MIR
(russisch)

שָׁלוֹם
Schalom
(hebräisch)

pace
(italienisch)

εἰρήνη
[eiränä]
(griechisch)

paix
[pə]
französisch

FRIEDEN

Welcher Stein fehlt oben in dem Turm?

Die Stillung des Sturms

(Markus 4,35–41)

Die Grundthemen dieser Geschichte, die wir mit den Kinder erarbeiten möchten, sind Angst und Bewahrung. Die Angst unterzugehen, ist für viele Situationen im Leben auch symbolisch zu verstehen – nicht nur für Kinder. Die Botschaft, die wir mitgeben wollen, ist, dass es Bewahrung in der Angst geben kann, wenn Angst kommuniziert wird und jemand da ist, der Begleitung bietet.

Material

— Handpuppe Lucy (Anleitung zur Herstellung s. Seite 116)
— Ein sehr langes dickes Seil, das als »Bootsbegrenzung« um die sitzenden Kinder herum gelegt werden kann, je nach Anzahl der anwesenden Kinder ein ca. 20 m langes Seil.
— Drei bis vier Pannesamttücher (ca. 140 x 140 cm; kann in Stoffabteilungen von Kaufhäusern vom Meter abgeschnitten werden.): ein weißes Tuch für Jesus, ein blaues Tuch für das Meer, ein bis zwei andersfarbige Tücher für ein bis zwei Freund/innen von Jesus.
— Mitgebsel: Kopie der Geschichte mit Ausmalbild. Auf der Rückseite wird die Geschichte von der Sturmstillung abgedruckt, wie wir sie erzählt haben (Kopiervorlagen Seite 63).

Begrüßung

Die Handpuppe Lucy erzählt den Kindern, dass sie im Urlaub am Meer war. Sie fährt am liebsten ans Meer. Lucy badet nämlich gern und fährt auch gern Boot. Sie hat ein kleines aufblasbares Boot, aber sie fährt auch gern in einem größeren Schiff.
Sie kommt mit den Kindern ins Gespräch: Wer hat das auch schon mal gemacht? Wer kann schon schwimmen? Lucy kann noch nicht schwimmen, deshalb hat sie immer ihre Schwimmflügel um, wenn sie in ihrem kleinen aufblasbaren Boot sitzt. Das Boot könnte ja mal umkippen. Heute wollen wir hier miteinander Boot fahren. Dafür brauchen wir natürlich keine Schwimmflügel. Könnt ihr euch das vorstellen? Nein? Dann lasst euch mal überraschen.

Geschichte

(Während der Erzählung wird die Geschichte mit den Kindern gespielt.)

Wir erzählen euch heute eine Geschichte, die Jesu Freunde und Freundinnen erlebt haben, und ihr dürft bei der Geschichte auch mitspielen.
Es ist Abend. Jesus hat den ganzen Tag vielen Menschen von Gottes Liebe erzählt.

(Die Mitarbeiterin, die Jesus spielt, legt sich das weiße Pannesamttuch um.)

Jetzt ist Jesus müde. Mit seinen Freunden steigt er in ein Boot.

(Wir nehmen das lange Seil und legen es um die Gruppe der Kinder herum. Die Kinder, die außen sitzen, halten das Seil fest, das den Bootsrand bilden soll. Jesus steigt in das »Boot«, und ein bis zwei andere von uns legen sich auch die Tücher um und steigen mit ein.)

Die Geschichte

Jesus sucht sich einen Platz hinten im Boot, denn er ist müde und schläft schnell ein.

(Jesus legt sich hin.)

Es bläst ein kräftiger Wind, und das Boot fährt schnell auf den See hinaus.

(Zuerst legen wir das blaue Tuch auf den Fußboden für das Meer. Dann leiten wir die Kinder an, kräftig zu pusten, um den Wind darzustellen, und dann wiegen wir mit den Oberkörpern, um das Schaukeln des Bootes nachzuempfinden.)

Langsam entsteht ein richtiger Sturm, und das Boot schaukelt immer mehr. Die Wellen schlagen schon über den Bootsrand, und alle müssen sich festhalten, um nicht hinauszufallen.

(Wir schaukeln immer stärker mit den Oberkörpern.)

Jesus schläft noch immer trotz des starken Sturms, aber seine Freunde haben große Angst, dass sie untergehen. Sie rufen Jesus und wecken ihn auf. Die beiden Freunde rufen: »Jesus, hilf uns, wir haben große Angst.«

(Wir bitten die Kinder – falls sie es nicht von alleine tun – mitzuhelfen, Jesus aufzuwecken und mitzurufen.)

Jesus steht auf und fragt: »Warum habt ihr solche Angst? Habt ihr kein Vertrauen zu mir?«

(Jesus steht auf und breitet dann beide Arme über das Meer aus.)

Jesus spricht zum Meer: »Meer, schweige still!« Und das Meer beruhigt sich langsam.

(Wir hören allmählich auf, mit den Oberkörpern zu schaukeln.)

Die Freunde staunen und sagen untereinander: »Hat Jesus tatsächlich den Sturm gestillt? Ja, Jesus ist wohl Gottes Sohn. Wir können uns auf Jesus verlassen.«

(Die Kinder wiederholen diese Worte und sprechen sie sich gegenseitig zu: »Jesus hat den Sturm gestillt, er ist Gottes Sohn, wir können uns auf Jesus verlassen.« Zum Ausstieg aus der Geschichte legen wir die Tücher ab, ziehen das Seil wieder ein und nehmen das blaue Tuch weg.)

Jesus und der Sturm

Jesus fährt mit seinen Jüngern
in einem Boot über den See.
Da kommt ein Sturm und
überall sind hohe Wellen.
Das Boot schaukelt gefährlich
und füllt sich mit Wasser.
Aber Jesus schläft.

(Illustration von Rüdiger Pfeffer, aus: »Komm, mal mit mir 2«. © Deutsche Bibelgesellschaft, Stuttgart 2003, S. 12–13)

Die Stillung des Sturms

Es ist Abend. Jesus hat den ganzen Tag vielen Menschen von Gottes Liebe erzählt.

Jetzt ist Jesus müde. Mit seinen Freunden steigt er in ein Boot.

Jesus sucht sich einen Platz hinten im Boot, denn er ist müde und schläft schnell ein.

Es bläst ein kräftiger Wind, und das Boot fährt schnell auf den See hinaus.

Langsam entsteht ein richtiger Sturm, und das Boot schaukelt immer mehr. Die Wellen schlagen schon über den Bootsrand, und alle müssen sich festhalten, um nicht hinauszufallen.

Jesus schläft noch immer trotz des starken Sturms, aber seine Freunde haben große Angst, dass sie untergehen. Sie rufen Jesus und wecken ihn auf. Die beiden Freunde rufen: »Jesus, hilf uns, wir haben große Angst.«

Jesus steht auf und fragt: »Warum habt ihr solche Angst? Habt ihr kein Vertrauen zu mir?«

Jesus spricht zum Meer: »Meer, schweige still!« Und das Meer beruhigt sich langsam.

Die Freunde staunen und sagen untereinander: »Hat Jesus tatsächlich den Sturm gestillt? Ja, Jesus ist wohl Gottes Sohn. Wir können uns auf Jesus verlassen.«

(nach Markus 4,35-41)

Der sinkende Petrus

(Matthäus 14,22–33)

Das Leit-Thema dieser Geschichte ist die Bewahrung und Begleitung in der Angst am Beispiel des Symbols der Hand.

Material

— Handpuppe Lucy (Anleitung zur Herstellung s. Seite 116)
— Ein sehr langes dickes Seil, das um die sitzenden Kinder herum als »Bootsbegrenzung« gelegt werden kann.
— Drei Pannesamttücher (ca 140 x 140 cm): ein weißes Tuch für Jesus, ein blaues Tuch für das Meer und ein Tuch für Petrus in einer anderen Farbe (kann in Stoffabteilungen von Kaufhäusern vom Meter abgeschnitten werden).
— Mitgebsel: Kopien, auf denen eine große Hand gemalt ist. Die Kinder legen ihre kleine Hand in diese hinein und malen sie als Umriss dazu. Auf der Rückseite wird die Geschichte vom sinkenden Petrus abgedruckt, wie wir sie erzählt haben (Kopiervorlagen Seite 66f.).

Begrüßung

Die Handpuppe Lucy begrüßt die Kinder und erzählt, dass sie manchmal Angst hat, z.B. nachts im Bett, wenn sie aufwacht und alles dunkel ist. Dann ruft sie ihre Mama oder ihren Papa. Und dann kommt eine große Hand und hält ihre kleine Hand. Dann geht die Angst wieder weg. Sie fragt die Kinder, ob sie so etwas auch kennen?
Oder wenn sie mit ihrer Mama in die Stadt geht, und da sind ganz viele Leute. Dann nimmt sie schnell Mamas Hand, damit sie nicht verloren geht.

(Die Kinder erzählen von ähnlichen Erfahrungen.)

Geschichte

Die Geschichte

(Während der Erzählung wird die Geschichte mit den Kindern gespielt.)

Heute erzählen wir euch eine Geschichte von Jesus und seinen Freunden, die immer bei Jesus sind. Ihr dürft bei der Geschichte gleich mitspielen.

(DieMitarbeiterin, die Jesus spielt, stellt sich vor und legt sich ein weißes Pannesamttuch um. Eine andere ist Petrus. Auch sie stellt sich den Kindern vor und legt sich ein andersfarbiges Tuch um.)

Eines Abends will Jesus den Menschen noch von Gott erzählen. Petrus und die anderen Freunde von Jesus steigen schon in ein Boot. Jesus bleibt noch an Land.

(Wir nehmen ein ganz langes Seil und legen es um alle Kinder herum, die Kinder, die außen sitzen halten das Seil fest, das den Bootsrand bildet. Ein blaues Tuch legen wir daneben auf den Boden, es symbolisiert das Meer.)

Jetzt fahren wir los und schaukeln alle ein bisschen in den Wellen.

(Wir bewegen mit den Kindern im Boot zusammen den Oberkörper hin und her.)

65

Die Geschichte

Jesus steigt auf einen Berg, um zu Gott zu beten.

(Jesus geht ein Stück nach hinten und kniet sich hin.)

Die Wellen werden stärker und das Boot schaukelt sehr.

(Wir schaukeln noch mehr mit den Oberkörpern hin und her.)

Auf einmal kommt eine weiße Gestalt über das Meer.

(Jesus steht auf und kommt langsam auf das Boot zu.)

Alle im Boot rufen: »Hilfe, ein Gespenst!«

(Die Kinder rufen ebenfalls: »Hilfe, ein Gespenst!« Da redet plötzlich die weiße Gestalt. Jesus und Petrus sprechen und spielen die folgende Szene.)

Jesus sagt: »Ich bin doch Jesus, habt keine Angst!« Und Petrus im Boot sagt zu Jesus: »Wenn du es wirklich bist, Jesus, dann sage mir doch, dass ich zu dir kommen soll.« Und Jesus sagt: »Petrus, komm her zu mir!«

(Petrus steigt aus dem Boot und geht über das Wasser. Er merkt, dass er auf dem Wasser geht:)

»Hilfe, ich gehe ja auf dem Wasser, o nein, ich habe Angst!«

(Petrus fängt an zu sinken, dabei geht er in die Knie.)

»Hilf mir, Jesus! Hilfe, ich versinke im Wasser!«

(Jesus kommt und zieht ihn an der Hand wieder nach oben.)

Jesus sagt: »Petrus, hab keine Angst, ich bin doch bei dir.«

(Dann steigen sie beide in das Boot. Und alle, die im Boot sitzen, sagen zu Jesus:)

»Du bist wirklich Gottes Sohn, Jesus.«

(Die Kinder wiederholen diese Worte. Dann werden die Tücher wieder abgelegt und das Seil wird eingezogen.)

Vertiefung

Umsetzung

Wir sprechen nochmal darüber, dass Petrus Angst hatte und seine Hand ausgestreckt hat. Manchmal haben wir Angst und sinken ein oder liegen am Boden. Dann tut es gut, wenn uns jemand wieder aufhilft. Wir machen das vor und dann probieren es die Kinder auch aus. Zwei Kinder stellen sich dazu jeweils zusammen. Eins hockt sich hin und das andere zieht es an der Hand nach oben (einfühlsam, nicht hochreißen).

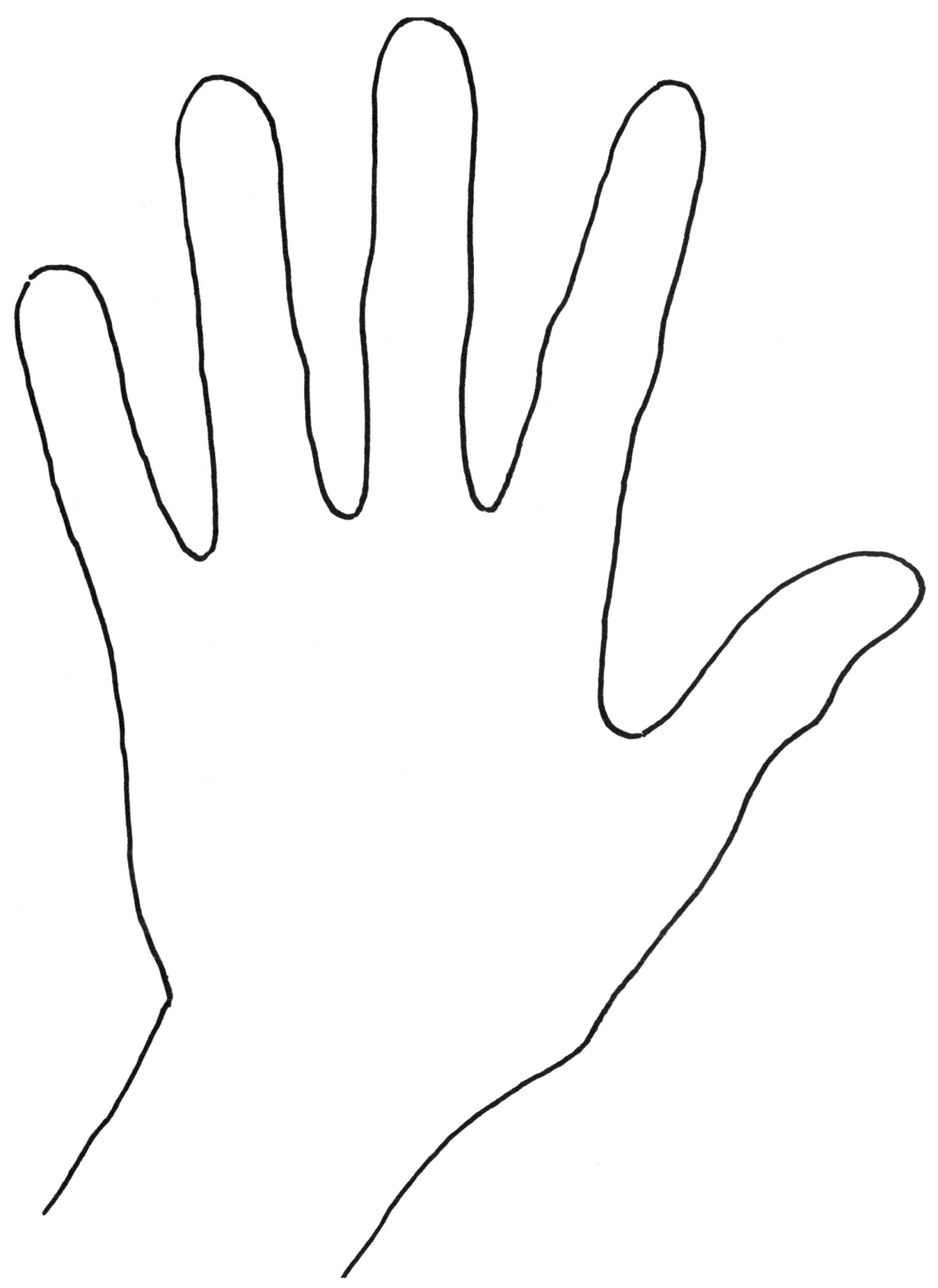

Lege deine Hand in diese große Hand hinein und male mit einem Stift um deine Hand herum.

Der sinkende Petrus

Jesus ließ seine Freunde in ein Boot steigen und sie fuhren auf den See hinaus. Jesus blieb noch an Land und erzählte den Menschen von Gott. Später wollte er zu seinen Freunden kommen. Am Abend waren alle Menschen weggegangen und Jesus war allein. Er stieg auf einen Berg, um zu beten.

Das Boot mit den Jüngern war schon mitten auf dem See, weit weg vom Land. Es kam ein großer Sturm auf, und das Boot schaukelte immer heftiger.

Und Jesus ging zu ihnen auf den See. Die Freunde erschraken und riefen: »Hilfe, ein Gespenst!«

Aber Jesus redete mit ihnen und sagte: »Ich bin doch Jesus, habt keine Angst!« Und Petrus sagte zu Jesus: »Wenn du es wirklich bist, Jesus, dann sage mir doch, dass ich zu dir kommen soll.«

Und Jesus sagte: »Petrus, komm her zu mir.«

Petrus stieg aus dem Boot und ging über das Wasser auf Jesus zu. Als er aber den starken Wind spürte, erschrak er und begann zu sinken. Da fing er an zu schreien: »Hilfe, ich gehe ja auf dem Wasser, o nein, ich habe Angst. Hilf mir doch, Jesus! Hilfe, ich versinke im Wasser!«

Und Jesus kam und zog ihn an der Hand wieder nach oben. Jesus sagte: »Petrus, hab keine Angst, ich bin doch bei dir.« Dann stiegen sie beide in das Boot. Und alle, die im Boot saßen, sagten zu Jesus: »Du bist wirklich Gottes Sohn, Jesus.«

(nach Matthäus 14, 22-33)

Die Heilung des Gelähmten

(Markus 2,1–12)

Die Geschichte der Heilung des Gelähmten – wie sie uns der Evangelist Markus erzählt – wurde von uns mit religionspädagogischen Biegepüppchen nachgespielt.

Die Handlung der Geschichte ist so einfach wie einzigartig: Ein gelähmter Mann wird von seinen Freunden auf einer Trage zu Jesus gebracht, weil er sich von Jesus Hilfe erhofft. Da das Haus, in dem sich Jesus aufhält, schon voller Menschen ist, klettern die Freunde über eine Hintertreppe auf das flache Dach, öffnen es an einer Stelle und lassen den Freund von oben in das Haus hinunter.

Dazu müssen einige Vorbereitungen getroffen werden, die in der folgenden Materialübersicht beschrieben werden.

Material

— Handpuppe Lucy (Anleitung zur Herstellung s. Seite 116)
— Ein größerer Pappkarton mit Deckel. Er soll das Haus darstellen, in dem Jesus sich befindet. Damit alles zu sehen ist, wird eine Seite des Kartons herausgeschnitten, der Deckel jedoch wieder aufgelegt. Das Haus hat man sich also als Bühne vorzustellen. Es können aus den anderen Seiten einige Fenster ausgeschnitten werden, damit es im »Haus« nicht zu dunkel ist. In den Deckel wird ein Loch geschnitten, und zwar so groß, dass die Trage mit einem darauf liegenden Biegepüppchen an Wollfäden hinuntergelassen werden kann. Dann wird aus dem Pappkartonrest der herausgeschnittenen Seite ein Stück ausgeschnitten, das etwas größer als das Loch ist. Es wird zunächst auf das Loch gelegt, damit dieses erst einmal nicht zu sehen ist.
— Jesus und die Jünger aus der religionspädagogischen Biegepüppchenreihe (Bezugsadresse s. Seite 120). So viele weitere Püppchen aus der religionspädagogischen Biegepüppchenreihe und andere Figuren (Playmobil oder sonstige Spielfiguren, die in Kinderhaushalten vorhanden sind), damit das ganze Haus recht voll gestellt ist, so dass kaum noch freier Platz zu finden ist.
— Zwei Schaschlikstäbchen, die mit einem Stückchen Stoff zu einer Trage verbunden werden. Der Stoff wird an die Stäbchen geklebt, damit nichts beim Spielen auseinanderfällt. Die Schaschlikstäbchen passen in die Handlöcher der religionspädagogischen Biegepüppchen, so dass vier Püppchen die Bahre tragen können, und ein Püppchen als Gelähmter darauf liegen kann.
An die vier Enden der Trage werden Wollfäden befestigt, in ausreichender Länge, damit die Trage durch das Loch im Dach des Hauses bis auf den Boden hinunter gelassen werden kann.
— Mitgebsel: Kopie der Geschichte mit einem Bild zum Ausmalen. Auf der Rückseite wird die Geschichte abgedruckt, wie wir sie erzählt haben (Kopiervorlagen Seite 72).

Begrüßung

Lucy erzählt den Kindern, dass sie heute Morgen in der Stadt einen Mann im Rollstuhl gesehen hat. Sie kommt darüber ins Gespräch mit den Kindern: Habt ihr auch schon einmal jemanden im Rollstuhl gesehen oder kennt ihr jemanden, der nicht gehen kann?

Lucy kann sich das gar nicht vorstellen, wie es ist, nicht laufen zu können. Wenn jemand im Rollstuhl sitzt, dann kann er auch seine Beine nicht spüren. Die Kinder sollen sich mal mit den Fingern ins Bein zwicken. Tut das weh?

Na klar, ein bisschen schon. Wenn jemand im Rollstuhl sitzt, dann spürt er nichts, wenn er sich mit den Fingern ins Bein zwickt. Er kann seine Beine überhaupt nicht spüren, obwohl sie ja da sind. Das muss schon komisch sein!

Manchmal gibt es auch Kinder, die im Rollstuhl sitzen, weil sie einen Unfall hatten, nicht mehr ihre Beine spüren und nicht mehr laufen können. Wenn man die Beine nicht mehr allein bewegen kann, dann heißt das: die Beine sind gelähmt. Habt ihr das schon einmal gehört? Wozu brauchen wir denn unsere Beine? Was macht ihr mit den Beinen?

Nachher werden wir eine Geschichte sehen, in der Jesus einen gelähmten Mann heilt.

Die Geschichte

Geschichte

(Während die Geschichte erzählt wird, werden die in Klammern beschriebenen Aktionen ausgeführt.)

Eines Tages war Jesus in einen kleinen Ort gekommen, der hieß Kapernaum. Er war im Haus eines Freundes zu Gast.

(Das Haus wird aufgestellt. Jesus und ein anderes Biegepüppchen werden hineingestellt.)

Es sprach sich aber schnell im ganzen Ort herum, dass Jesus da war, und es kamen immer mehr Leute in das Haus, um ihn zu sehen. Es kamen so viele, dass das Haus schon bald voller Menschen war, und auch vor dem Haus hatten sich viele versammelt. Bald gab es keinen Platz mehr im Haus. Es war kein Durchkommen mehr.

(Das ganze Haus wird mit Biegepüppchen und Figuren voll gestellt, nur vor Jesus wird noch Platz gelassen; auch vor das Haus werden Figuren gestellt.)

Da kamen vier Männer, die trugen ihren Freund auf einer Trage heran. Der Freund war gelähmt, konnte also selbst nicht laufen. Der Kranke hatte schon viel von Jesus gehört und wollte ihn nun sehen. Er hoffte, dass Jesus ihm helfen könnte, ihn vielleicht sogar ganz gesund machen würde.

(Vier Biegepüppchen tragen die Trage mit einem anderen Biegepüppchen, das auf der Trage liegt. Sie werden vor dem Haus abgestellt.)

Sie wollten ins Haus hinein zu Jesus. Aber niemand machte ihnen Platz. Sie konnten nicht durchkommen. Da hatten die Freunde eine Idee. Sie gingen hinter das Haus. Dort war eine Treppe, auf der sie bis zum Dach hochsteigen konnten.

(Die Gruppe wird erst hinter das Haus geführt und dann auf das Dach gestellt.)

Dann standen sie auf dem flachen Dach und öffneten es an einer Stelle. Als das Loch groß genug war, ließen sie ihren Freund vorsichtig auf der Trage durch das Dach in das Haus hinab. Und er schwebte direkt vor den Füßen Jesu zur Erde.

(Die Pappe über dem Loch wird weggenommen und die Schaschlikstäbchen werden aus den Händen der Biegepüppchen gezogen. Die Wollfäden, die an den vier Enden der Trage befestigt sind, werden von Mitarbeiterinnen in die Hand genommen und die Trage wird durch das Loch nach unten in das Haus gelassen.)

Alle im Haus staunten. Und Jesus sagte zu dem Mann, der auf der Trage lag: »Gott hat dich lieb. Wenn du etwas Falsches gemacht hast, dann wird dir Gott vergeben.« Einige von den Leuten regten sich auf, wie konnte Jesus denn so etwas sagen? Er redete ja gerade so, als ob er selbst Gott wäre.

Jesus wusste, was sie dachten und sagte: »Was ist schwerer, einem Menschen seine Schuld zu vergeben, oder ihn gesund zu machen?« Als er keine Antwort bekam, sagte er: »Ihr sollt sehen, dass ich im Namen Gottes spreche und handle!«

Und er sagte zu dem Mann: »Guter Mann, steht auf, nimm deine Matte und geh nach Hause.« Da bewegte der Mann seine Arme und Beine, stand auf, machte ein paar Schritte, nahm die Trage und ging hinaus.

(Der Kranke wird hochgehoben und ein bisschen bewegt. Dann wird die Trage unter seinen Arm geklemmt und er geht aus dem Haus hinaus.)

Alle Leute staunten und freuten sich. Sie lobten Gott und dankten ihm.

Die Heilung des Gelähmten

Eines Tages war Jesus in einen kleinen Ort gekommen, der hieß Kapernaum. Er war im Haus eines Freundes zu Gast.

Es sprach sich aber schnell im ganzen Ort herum, dass Jesus da war, und es kamen immer mehr Leute in das Haus, um ihn zu sehen. Es kamen so viele, dass das Haus schon bald voller Menschen war, und auch vor dem Haus hatten sich viele versammelt. Bald gab es keinen Platz mehr im Haus. Es war kein Durchkommen mehr.

Da kamen vier Männer, die trugen ihren Freund auf einer Trage heran. Der Freund war gelähmt, konnte also selbst nicht laufen. Der Kranke hatte schon viel von Jesus gehört und wollte ihn nun sehen. Er hoffte, dass Jesus ihm helfen könnte, ihn vielleicht sogar ganz gesund machen würde.

Sie wollten ins Haus hinein zu Jesus. Aber niemand machte ihnen Platz. Sie konnten nicht durchkommen. Da hatten die Freunde eine Idee. Sie gingen hinter das Haus. Dort war eine Treppe, auf der sie bis zum Dach hochsteigen konnten.

Dann standen sie auf dem flachen Dach und öffneten es an einer Stelle. Als das Loch groß genug war, ließen sie ihren Freund vorsichtig auf der Trage durch das Dach in das Haus hinab. Und er schwebte direkt vor den Füßen Jesu zur Erde.

Alle im Haus staunten. Und Jesus sagte zu dem Mann, der auf der Trage lag: »Gott hat dich lieb. Wenn du etwas Falsches gemacht hast, dann wird dir Gott vergeben.« Einige von den Leuten regten sich auf, wie konnte Jesus denn so etwas sagen? Er redete ja gerade so, als ob er selbst Gott wäre.

Jesus wusste, was sie dachten und sagte: »Was ist schwerer, einem Menschen seine Schuld zu vergeben, oder ihn gesund zu machen?« Als er keine Antwort bekam, sagte er: »Ihr sollt sehen, dass ich im Namen Gottes spreche und handle!«

Und er sagte zu dem Mann: »Guter Mann, steht auf, nimm deine Matte und geh nach Hause.« Da bewegte der Mann seine Arme und Beine, stand auf, machte ein paar Schritte, nahm die Trage und ging hinaus.

Alle Leute staunten und freuten sich. Sie lobten Gott und dankten ihm.

(nach Markus 2, 1-12)

(Aus: Beate Steitz-Röckener, »Meine Malbibel«, Nr. 13, Illustration: Andreas Röckener, © Agentur des Rauhen Hauses, Hamburg 2004)

Die Heilung des blinden Bartimäus

(Markus 10,46–52)

Die Geschichte wird mit den Kinder zusammen gespielt. Was heißt es, blind zu sein: nicht sehen zu können, aber fühlen, hören und vor allem sprechen und rufen zu können. Das sollen die Kinder beim Spielen der Geschichte miterleben. In der Vorbereitung darauf sollen sie ihren Tast- und Hörsinn ausprobieren.

Material

— Handpuppe Lucy (Anleitung zur Herstellung s. Seite 116)
— Viele Tastsäckchen mit unterschiedlichen Inhalten, die »erfühlt« werden sollen. Dazu werden aus Stoffresten viele Säckchen genäht. Das geht ganz einfach: ein rechteckiges Stück Stoff zuschneiden, in der Mitte umklappen, dabei rechts auf rechts legen. An den zwei Seiten zunähen. (Eine Seite als Boden ist ja schon durch die Faltung zu.) Dann die Säckchen umstülpen, so dass die rechte Seite außen ist. Befüllen und die Stoffenden auf der offenen Seite etwas nach innen umklappen und dann einfach zusammennähen. Zum Befüllen eignen sich z.B.: Muscheln, Nudeln, Schrauben, Knisterpapier, Watte, Streichhölzer, Weinkorken, Kronkorken, Reis, Murmeln, Sand, kleine Glöckchen, eine Bürste ...
— Instrumente und anderes, das Geräusche macht und von den Kindern gut identifiziert werden kann, z.B. eine Blockflöte, ein Xylophon, in die Hände klatschen, Topfdeckel, die aneinander geschlagen werden, ein Regenmacher, eine Klangschale ...
— Zwei Pannesamttücher: ein weißes für Jesus, eine andere Farbe für Bartimäus.
— Mitgebsel: Die Kopie der Geschichte (siehe Seite 75) oder das Pixibüchlein »Bartimäus« mit den Bildern von Kees de Kort (Deutsche Bibelgesellschaft Stuttgart, ISBN 3-438-04153-7).

Begrüßung

Die Handpuppe Lucy bittet die Kinder, sich mal die Augen zuzuhalten. Wie ist das? Was geht nicht mehr (sehen, Farben sehen, loslaufen), aber was geht noch (hören und reden, fühlen). Lucy deutet an, dass wir nachher auch einiges davon ausprobieren wollen: fühlen und hören.

Geschichte

(Wir geben den Kindern die Fühlsäckchen und lassen sie erspüren, was darin eingenäht ist. Die Fühlsäckchen gehen durch möglichst viele Kinderhände, denn das macht allen Spaß!
Danach sammeln wir die Fühlsäckchen ein und bitten die Kinder, mal die Augen zu schließen und zu raten, was das ist, was sie gleich hören werden. Da nicht alle Kinder die Augen zumachen werden, ist es ratsam, nicht zu zeigen, was sie hören sollen.
Wir spielen ein paar Töne auf der Blockflöte, auf dem Xylophon und anderen Ton- und Geräuschinstrumenten, die zur Verfügung stehen. Die Kinder raten.
Während anschließend die Geschichte erzählt wird, werden die in Klammern beschriebenen Aktionen ausgeführt.)

Jetzt möchten wir euch eine Geschichte erzählen von einem blinden Mann, der heißt Bartimäus.

(Eine von uns legt sich ein Pannesamttuch um und setzt sich hin.)

Bartimäus sitzt am Wegesrand. Er ist blind. Er kann schon lange nichts mehr sehen.

(Jetzt brauchen wir ein paar Kinder, die sich zu Bartimäus setzen und ihn unterstützen. Wir fragen, welche Kinder das machen wollen und wählen ein paar aus, die sich dazusetzen.)

Die Geschichte

73

Die Geschichte

Bartimäus kann zwar nicht sehen, aber er kann sehr gut hören, und er hat seine Ohren überall. Er hat auch von Jesus gehört. Bartimäus hat gehört, dass Jesus den Menschen hilft und schon viele gesund gemacht hat. Und er hat auch gehört, dass Jesus in der Stadt Jericho ist. Deswegen hat er sich an das Stadttor von Jericho gesetzt und will warten, bis Jesus wieder aus der Stadt herauskommt.
Und da kommt Jesus aus der Stadt mit vielen Freundinnen und Freunden, die immer bei ihm sind.

(Eine Mitarbeiterin legt sich das weiße Pannesamttuch um. Dann fragen wir die Kinder, wer zu den Freunden und Freundinnen Jesu gehören möchte. Wir suchen einige aus, die sich zu Jesus stellen.)

Und Bartimäus merkt auf einmal, dass irgendetwas passiert. Er kann ja nichts sehen, aber er spürt, dass etwas anders ist. Bartimäus hört auch viele Schritte, und er wird ganz aufgeregt.

(Bartimäus bewegt sich im Sitzen, so als ob er nach allen Seiten hin hört. Die Kinder bewegen sich fast ohne Aufforderung mit.)

Und dann stehen da auch ganz normale andere Leute aus der Stadt Jericho herum.

(Wir stellen noch ein paar Kinder als Leute von Jericho in die Szene und die Erzählerin gesellt sich zu ihnen, während sie dann weitererzählt.)

Die Leute aus Jericho können Jesus sehen, der mit seinen Freunden und Freundinnen jetzt aus der Stadt kommt. Und sie flüstern sich zu: »Da ist Jesus von Nazareth!«

(Die Kinder, die die Leute spielen werden animiert auch zu flüstern: »Da ist Jesus von Nazareth!«)

Und dann hat es auch Bartimäus mitbekommen, und er fängt laut an zu rufen.

(Bartimäus ruft laut: »Jesus, erbarme dich meiner, Jesus, erbarme dich meiner.« Die Kinder, die bei Bartimäus sitzen, rufen mit.)

Aber die Leute von Jericho wollen ihm das Rufen verbieten und sagen: »Sei doch still! Hör auf zu rufen!«

(Die Kinder, die die Leute von Jericho spielen, wiederholen diese Worte.)

Aber Bartimäus ruft nur noch lauter.

(Bartimäus ruft wieder: »Jesus, erbarme dich meiner, Jesus, erbarme dich meiner.« Und die Kinder, die bei Bartimäus sitzen, wiederholen es.)

Und Jesus bleibt stehen, als er Bartimäus so rufen hört, und sagt zu seinen Freunden und Freundinnen: »Ruft ihn her!«

(Die Kinder werden angeleitet, dass sie Bartimäus zurufen: »Komm her zu Jesus, Bartimäus«.)

Bartimäus springt auf und geht zu Jesus.

(Die Kinder gehen mit ihm. Es entspannt sich folgendes Zwiegespräch:)

Jesus fragt ihn: »Was willst du, dass ich für dich tun soll?«
Und Bartimäus antwortet: »Meister, ich möchte wieder sehen können.«
Jesus spricht zu Bartimäus: »Geh hin, dein Glaube hat dir geholfen.«
Bartimäus freut sich, dass er wieder sehen kann. Er folgt Jesus und bleibt von nun an bei ihm.

(Jesus geht und Bartimäus folgt ihm. Auch alle anderen gehen Jesus hinterher, bis sie von der Bühne verschwunden sind. Dann legt Jesus das weiße Tuch ab.)

Die Heilung des blinden Bartimäus

Ich möchte dir eine Geschichte erzählen von einem blinden Mann, der heißt Bartimäus.

Bartimäus sitzt am Wegesrand. Er ist blind. Er kann schon lange nichts mehr sehen.

Bartimäus kann zwar nicht sehen, aber er kann sehr gut hören, und er hat seine Ohren überall. Er hat auch von Jesus gehört. Er hat gehört, dass Jesus den Menschen hilft und schon viele gesund gemacht hat. Und er hat auch gehört, dass Jesus in der Stadt Jericho ist. Deswegen hat er sich an das Stadttor von Jericho gesetzt und will warten, bis Jesus wieder aus der Stadt herauskommt.

Da kommt Jesus schon aus der Stadt mit vielen Freundinnen und Freunden, die immer bei ihm sind.

Und Bartimäus merkt auf einmal, dass irgendetwas passiert. Er kann ja nichts sehen, aber er spürt, dass etwas anders ist. Er hört auch viele Schritte, und er wird ganz aufgeregt.

Und dann stehen da auch ganz normale andere Leute aus der Stadt Jericho herum.

Die Leute aus Jericho können Jesus sehen, der mit seinen Freunden und Freundinnen jetzt aus der Stadt kommt. Und sie flüstern sich zu: »Da ist Jesus von Nazareth!«

Und dann hat es auch Bartimäus mitbekommen, und er fängt laut an zu rufen: »Jesus, erbarme dich meiner. Jesus, erbarme dich meiner!«

Aber die Leute von Jericho wollen ihm das Rufen verbieten und sagen: »Sei doch still! Hör auf zu rufen.«

Aber Bartimäus ruft nur noch lauter: »Jesus, erbarme dich meiner. Jesus, erbarme dich meiner.«

Und Jesus bleibt stehen, als er Bartimäus so rufen hört, und sagt zu seinen Freunden und Freundinnen: »Ruft ihn her!« Die rufen Bartimäus zu: »Bartimäus, komm her, du sollst zu Jesus kommen.«

Bartimäus springt auf und geht zu Jesus.

Jesus fragt ihn: »Was willst du, dass ich für dich tun soll?«

Und Bartimäus antwortet: »Meister, ich möchte wieder sehen können.«

Jesus spricht zu Bartimäus: »Geh hin, dein Glaube hat dir geholfen.«

Und Bartimäus kann wieder sehen. Er folgt Jesus und bleibt von nun an bei ihm.

(nach Markus 10,46–52)

Die Heilung der gekrümmten Frau
(Lukas 13,10–13)

Um mit den Kindern die Krankheit und Heilung der gekrümmten Frau nachzuempfinden, ist der Geschichte eine Körperübung vorangestellt. Danach wird die Heilung der Frau zum ersten Mal erzählt, wobei die Personen (die Frau, Jesus und die Menschen in der Synagoge) durch verschiedenfarbige Pappfüße symbolisiert werden. Beim Erzählen der Geschichte werden die Füße hingelegt und bewegt (s. Abbildungen zur Geschichte). Zum Abschluss laden wir die Kinder ein, die Geschichte auch selbst nachzuspielen. Dafür brauchen wir ein Kind, das die Frau spielt, und eines, das Jesus spielt. Die andern sind die Menschen in der Synagoge. Durch die Körperübung am Anfang und das erste Erzählen der Geschichte wird für die Kinder das Mitspielen ganz leicht.

Material

— Handpuppe Lucy (Anleitung zur Herstellung s. Seite 116)
— Zwei Pannesamttücher: weiß für Jesus, eine andere Farbe für die Frau.
— Pappfüße: ein Paar in gelb für Jesus, ein Paar in rot für die Frau, mehrere Paare in grau für die vielen Menschen in der Synagoge (s. Kopiervorlage Seite 79).
— Eine Zimbel oder ein anderes Klanginstrument (zu beziehen bei: Verlag Junge Gemeinde, s. Seite 120).
— Mitgebsel: ein Bild zum Ausmalen. Auf der Rückseite wird die Geschichte der Heilung der gekrümmten Frau abgedruckt, wie wir sie erzählt haben (Kopiervorlagen Seite 80).

Begrüßung

Die Handpuppe Lucy begrüßt die Kinder und erzählt, dass sie gestern im Kindergarten auf den Rücken gefallen ist und sich weh getan hat. Jetzt tut ihr der Rücken immer weh, wenn sie sich ganz gerade hinstellen will. Sie muss immer ein bisschen gekrümmt gehen. Hoffentlich ist das bald wieder besser. Sie fragt die Kinder, ob die sich auch schon mal weh getan haben und kommt mit ihnen ins Gespräch über ihre Erfahrungen.
Dann kündigt sie die Geschichte an, in der Jesus eine Frau heilt, die immer ganz krumm gehen musste, weil sie sehr krank war.

Die Geschichte

Geschichte
(Eine Körperübung soll die Kinder auf die Geschichte vorbereiten. Eine Mitarbeiterin leitet die Übung an.)

Wir stehen ganz gerade.
Dann stellen wir uns vor, wir würden eine schwere Last tragen. Sie drückt uns herunter.
Wir werden dabei gebeugt und schauen nur noch auf den Boden.
(Alle machen diese kleine Übung mit. Wir stehen ganz gekrümmt da.)

Wir können einander gar nicht mehr ins Gesicht sehen.
Auch so richtig tief durchatmen können wir nicht mehr.
Die Last wird immer schwerer, es schmerzt uns im Rücken.
Wir versuchen einen Schritt zu machen, es geht nur ganz schwer.
(Die Mitarbeiterinnen und Kinder gehen einen Schritt.)

Plötzlich ertönt ein Zimbelton. *(Zimbel erklingt.)*
Wir sind befreit und können uns wieder aufrichten.
(Wieder gerade stehen.)

(Bevor die Geschichte erzählt wird, zeigen die Mitarbeiterinnen den Kindern die Pappfüße und fragen sie, ob sie erkennen können, was das sein soll.)

Es sollen Füße sein, Füße von Menschen. Könnt ihr euch das vorstellen? Ich will die Geschichte erzählen und für die Menschen, die mitspielen ihre Füße auf die Erde legen. Die gelben Füße gehören Jesus, die roten Füße sind von einer Frau, die sehr krank ist. Und die grauen Füße stehen für Menschen, die zu Jesus in die Synagoge gekommen sind, um zu hören, was er zu sagen hat. Eine Synagoge ist eine Art Kirche, wo Menschen zusammenkommen, um von Gott zu hören.
Jetzt beginnt also unsere Geschichte von einer Frau, die sehr krank war. Ihr Rücken ist ganz krumm.
Keiner weiß, wie die Frau krank wurde. Sie hatte viel zu tragen gehabt in ihrem Leben. Andere haben sie ausgelacht, und das tat ihr sehr weh. Sie hat trotzdem weitergemacht. Die anderen haben noch mehr gelacht: »Seht mal die da! Die hat ja einen Geist, der sie krumm macht. Haha.«

Jesus
= gelb

Frau
= rot

Menschen
= grau

Eines Tages lehrt Jesus in der Synagoge.
(Für Jesus wird ein Paar gelbe Pappfüße hingelegt.)

Viele sind gekommen, um ihm zuzuhören.
(Für die viele Leute werden mehrere Pappfüße hingelegt, die auf die gelben Füße ausgerichtet sind.)

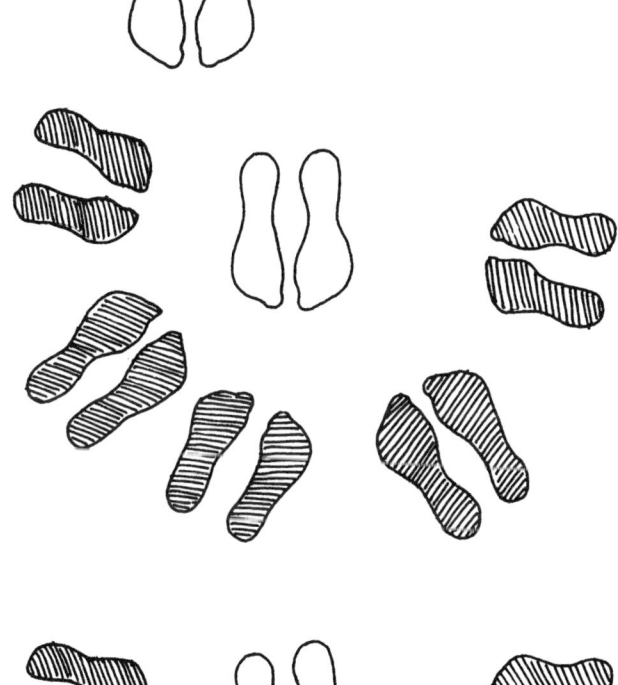

Auch die gebeugte Frau steht in einer Ecke und hört aufmerksam zu.
(Die roten Füße hinter die grauen Füße legen.)

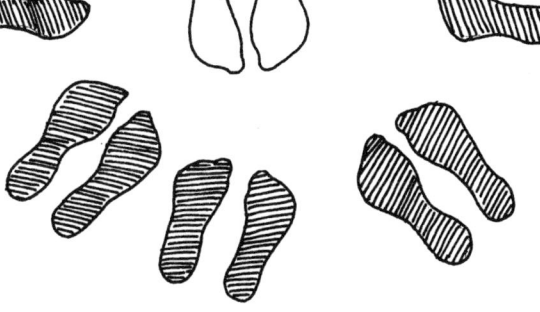

77

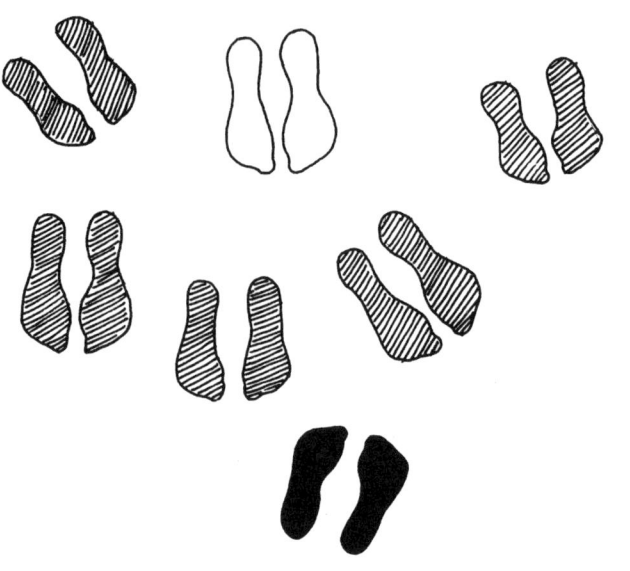

Plötzlich hört sie, wie Jesus sagt: »Komm zu mir!« Sie merkt zuerst gar nicht, dass sie gemeint ist. Doch sie sieht die vielen Füße, die sich zu ihr umdrehen.
(Die grauen Füße werden zu den roten umgedreht.)

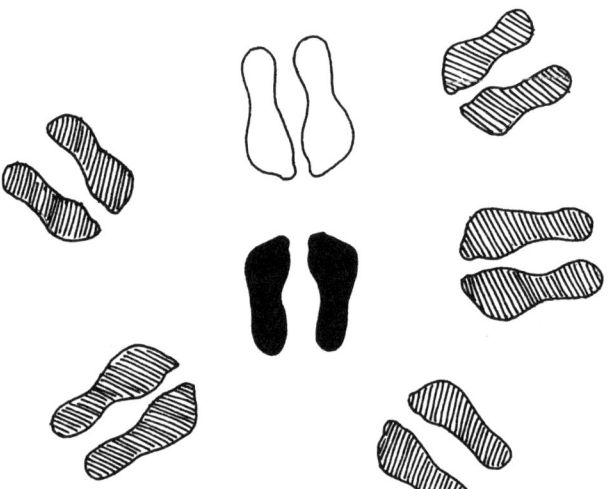

Sie hört noch einmal: »Ja, du, komm her zu mir!« Sie humpelt nach vorn zu Jesus.
(Die roten Füße werden zu den gelben Füßen geschoben.)

Einige andere fangen an zu tuscheln. Endlich steht sie ganz vorn vor Jesus. Er sieht sie freundlich an und sagt: »Sei frei von deiner Krankheit!« Und er berührt sie.
(Zimbelton)

Jesus richtet sie auf. Sie kann den Rücken bewegen und steht wieder gerade. Sie flüstert: »Gott sei Dank.« Und ganz laut vor Freunde ruft sie: »Gelobt sei Gott!«

Vertiefung

Die Geschichte mit den Kindern spielen

Jetzt möchten wir mit euch die Geschichte noch einmal nachspielen. Ihr kennt die Geschichte jetzt ja schon, ihr habt sie einmal mit den Füßen gesehen. Jetzt brauchen wir zwei Kinder: eins spielt die Frau, und eins spielt Jesus.
Alle anderen spielen die Menschen in der Synagoge. Wer will spielen?
(Es gibt meist mehr Spielwünsche unter den Kindern als Rollen. Also keine Angst im Team, einfach mal auszuprobieren. Die beiden Kinder, die Jesus und die Frau spielen, bekommen für ihre Rolle je ein Pannesamttuch umgehängt. Die Geschichte wird noch einmal erzählt und die Kinder spielen dazu. Sind die Kinder schon älter, dann können sie oft auch den Text übernehmen, den sie sich gemerkt hatten. Zum Schluss gibt es natürlich einen Applaus für die Kinder.)

Anregungen für die Umsetzung dieser Geschichte sind folgendem Buch entnommen: **Willkommen in der Familienkirche!**, *herausgegeben von Jochem Westhof, © Gütersloher Verlagshaus GmbH, Gütersloh 2003 (vgl. »In Würde aufrichten!« S. 48).*

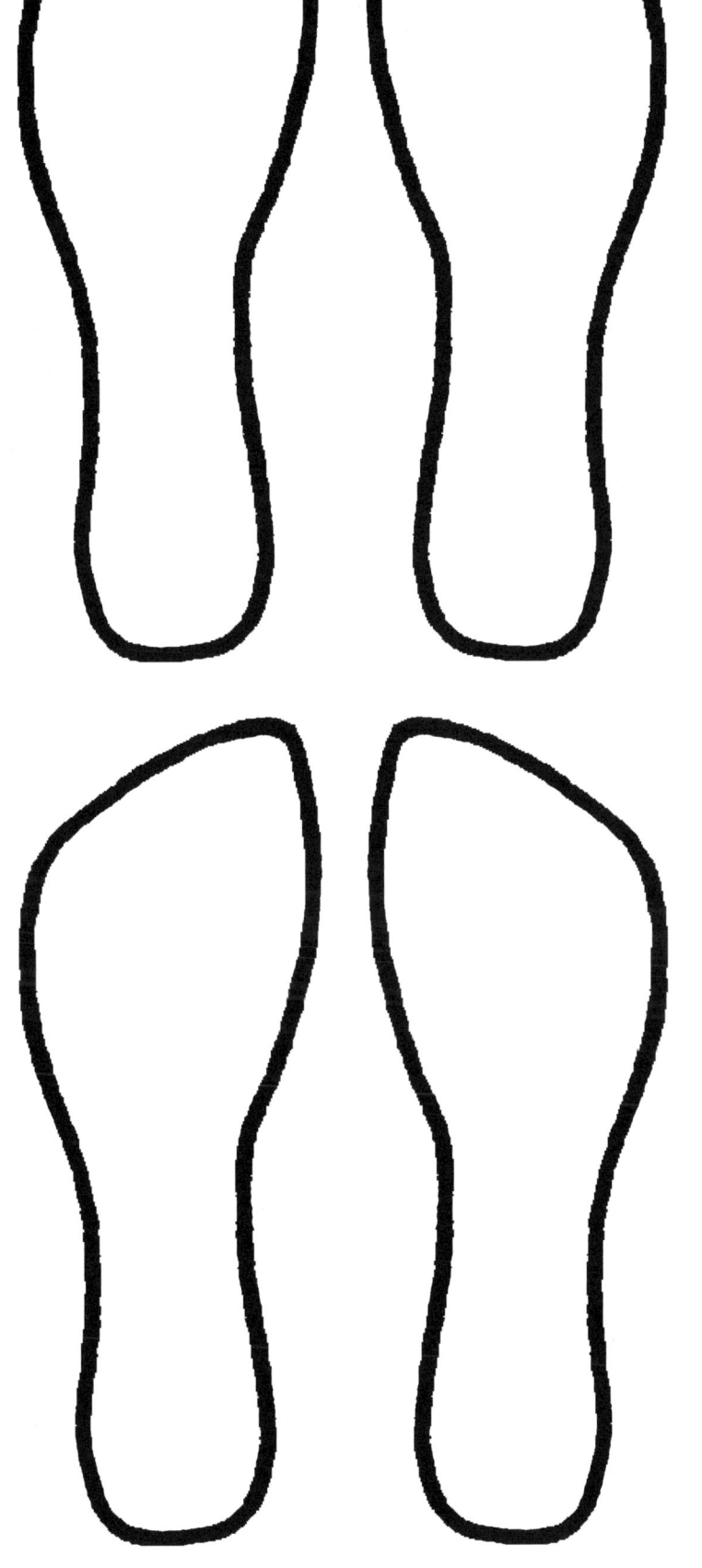

Kopiervorlage Füße

(Aus: Beate Steitz-Röckener, »Meine Malbibel« Nr. 7, Illustration: Andreas Röckener, © Agentur des Rauhen Hauses, Hamburg 1998)

Die Heilung der gekrümmten Frau

Heute will ich von einer Frau erzählen, die sehr krank war.

Ihr Rücken war ganz krumm.

Keiner weiß, wie die Frau krank wurde. Sie hatte viel zu tragen gehabt in ihrem Leben. Andere haben sie ausgelacht, und das tat ihr sehr weh. Sie hat trotzdem weitergemacht. Die anderen haben noch mehr gelacht: »Seht mal die da! Die hat ja einen Geist, der sie krumm macht. Haha.«

Eines Tages lehrt Jesus in der Synagoge. Viele sind gekommen, um ihm zuzuhören, auch die gebeugte Frau steht in einer Ecke und hört aufmerksam zu. Plötzlich hört sie, wie Jesus sagt: »Komm zu mir!« Sie merkt zuerst gar nicht, dass sie gemeint ist. Doch sie sieht die vielen Füße, die sich zu ihr umdrehen. Sie hört noch einmal: »Ja, du, komm her zu mir!«

Sie humpelt nach vorn zu Jesus. Einige andere fangen an zu tuscheln. Endlich steht sie ganz vorn vor Jesus.

Er sieht sie freundlich an und sagt: »Sei frei von deiner Krankheit!« Und er berührt sie. Er richtet sie auf. Sie kann den Rücken bewegen und steht wieder gerade. Sie flüstert: »Gott sei Dank.« Und ganz laut vor Freude ruft sie: »Gelobt sei Gott!«

(nach Lukas 13,10–13)

Jesus segnet die Kinder

(Markus 10,13–16)

Die Geschichte der Kindersegnung wird mit den Kindern gemeinsam gespielt. Anschließend werden alle anwesenden Kinder gesegnet.

Material

— Handpuppe Lucy (Anleitung zur Herstellung s. Seite 116)
— Mehrere Pannesamttücher: ein weißes für Jesus, andersfarbige Tücher für die Freunde und für die Pharisäer und Schriftgelehrten.
— Mitgebsel: Karte »Kindersegnung« des Künstlers Martin Danabe aus Kamerun (zu bestellen bei: VJGBuchVersand, s. Seite 120).

Begrüßung

Die Handpuppe Lucy erzählt den Kindern, dass sie das immer blöd findet, wenn Erwachsene sagen, sie sei noch zu klein für etwas. Sie kommt darüber mit den Kindern ins Gespräch: Kennt ihr das auch? Manchmal will ich etwas machen, und dann sagen die: »Du bist noch zu klein.« Oder ich will auch dabei sein, wenn die großen Kinder spielen, und dann schicken sie mich weg und sagen: »Du bist zu klein, du störst uns.« Das finde ich immer ganz blöd.

(Die Kinder erzählen von eigenen Erfahrungen.)

Aber Jesus hat die Kinder nicht weggeschickt. Heute spielen wir eine tolle Geschichte, wo Jesus sogar zu den Großen sagt, dass die so werden sollen wie wir Kinder. Das ist meine Lieblingsgeschichte von Jesus!

Geschichte

Die Geschichte

Einmal kommt Jesus mit seinen Freunden und Freundinnen in ein Dorf.

(Eine Mitarbeiterin legt sich ein weißes Pannesamttuch um. Sie spielt Jesus. Eine andere legt sich ein andersfarbiges Tuch um, und einige Kinder werden gefragt, ob sie auch Freunde und Freundinnen von Jesus spielen wollen. Sie bekommen auch Tücher umgelegt. Die Freunde und Freundinnen werden zu Jesus gestellt.)

Schnell wird bekannt, dass Jesus im Dorf ist, und viele kommen zu ihm, weil sie etwas von Jesus lernen wollen. Viele Schriftgelehrte und andere kluge Männer suchen ihn auf.

(Wir fragen die Kinder, wer noch als Dorfbewohner mitspielen will, einige bekommen auch Tücher umgehängt und werden dazu gestellt.)

Jesus steht vor der Synagoge – das ist eine jüdische Kirche – und die Schriftgelehrten und andere kluge Leute stehen ganz vorn und fragen Jesus viel über den jüdischen Glauben.

(Die Kinder, die die Schriftgelehrten spielen, werden ganz nah an Jesus herangestellt.)

Aber es sind auch einige Mütter mit ihren Kindern gekommen. Die kleinsten Kinder werden noch auf dem Arm getragen. Die wollen auch zu Jesus, sie wollen ihn sehen, aber vor allem wollen sie, dass Jesus ihre Kinder segnet.

(Wir bitten einige der anwesenden Mütter mit kleinen Kindern nach vorn.)

81

Die Geschichte

Aber gleich kommt einer von den Freunden Jesu zu ihnen, und will sie wegjagen, weil er meint, die Kinder seien noch zu klein und würden doch nur stören.

(Eine von uns, die einen Freund von Jesus spielt, geht zu den Müttern und sagt: »Was wollt ihr hier, geht wieder nach Hause, ihr stört hier.« Und die anderen Kinder, die die Freunde spielen, werden auch dazu angeleitet mitzureden.)

Aber zum Glück hat Jesus das auch gehört.

(Jesus geht durch die Menge der Freunde und Schriftgelehrten und ruft: »Lasst die Kinder zu mir kommen! Schickt sie nicht weg! Gerade sie gehören zu Gott und zu seinem Reich. Nur wenn ihr Gott so vertraut wie die Kinder, dann werdet ihr Gottes Reich erfahren.«)

Da machen die Leute Platz und lassen die Frauen mit ihren Kindern zu Jesus. Und Jesus segnet sie.

(Jesus legt den Kindern die Hände auf und sagt: »Gott hat euch lieb. Er segnet und behütet euch.«)

Vertiefung

Umsetzung bzw. Weiterführung

Wir legen die Tücher wieder ab zum Zeichen, dass das Spiel beendet ist. Dann laden wir die Kinder ein, sich von uns segnen zu lassen, so wie Jesus damals die Kinder gesegnet hat. Jede aus dem Team legt den Kindern die Hand auf den Kopf und segnet sie mit den Worten: »Gott hat dich lieb. Er segnet und behütet dich.«
Als Mitgebsel bekommen die Kinder die Karte »Die Kindersegnung« überreicht (Bezugsadresse s.o.).

Postkarte mit dem Motiv »Kindersegnung« des afrikanischen Künstlers Martin Danabe aus Kamerun.

Das verlorene Schaf

(Lukas 15,1–7)

In der Kirche ist ein Stoffschaf versteckt, das von den Kindern gesucht werden soll. Gott freut sich über einen Menschen, den er wiederfindet, wie ein Hirte sich über ein Schaf freut, das er lange gesucht und wiedergefunden hat. Diesen Vergleich Jesu möchten wir den Kindern veranschaulichen.

Material

— Handpuppe Lucy (Anleitung zur Herstellung s. Seite 116)
— Möglichst viele verschiedene Stoffschafe (Kuscheltiere aus Kinderhaushalten). Eventuell können die Kinder, die zum Gottesdienst kommen, auch eigene Stoffschafe mitbringen, wenn das in der Woche vorher angekündigt wird. Das klappt erfahrungsgemäß ganz gut.
— Einen braunen Umhang oder Stoff, einen Hut und Stock (wenn möglich oben mit einem gebogenen Ende) für den Schäfer bzw. Hirten.
— Mitgebsel: Das Büchlein »Das verlorene Schaf« (Verlag Der Jugendfreund, s. Seite 120).

Begrüßung

Die Handpuppe Lucy erzählt, dass sie ganz traurig ist. Sie findet nämlich ihre Lieblingspuppe nicht mehr. Sie hat schon überall gesucht, aber die Puppe hat sie nicht gefunden. »Habt ihr auch schon mal was verloren?«, fragt sie die Kinder. Sie will von den Kindern wissen, ob und wo sie das Verlorene wiedergefunden haben.
Lucy führt z.B. mit folgenden Worten die Kinder zur Erzählung hin: »Nachher hören wir eine Geschichte, die Jesus von Gott erzählt hat. Jesus hat gesagt, dass Gott Menschen sucht, die ihm verloren gegangen sind, so wie ein Hirte seine verlorenen Schafe sucht. Und vielleicht auch so ähnlich, wie ich meine Puppe suche.«

Geschichte

Die Geschichte

(Vor dem Gottesdienst wird eines der Stoffschafe so in der Kirche versteckt, dass die Kinder es nicht ohne Weiteres sehen können. Das Stoffschaf soll nach kurzem Suchen jedoch auch von Kindern gefunden werden können.)

Jesus hat den Menschen viele Geschichten von Gott erzählt. In einer Geschichte sagte Jesus, dass Gott zu den Menschen so gut ist, wie ein Hirte zu seinen Schafen gut ist.
Die Kinder werden gefragt, ob sie wissen, wie ein Hirte aussieht, und was er tut. Eine Mitarbeiterin legt den Umhang um, setzt den Hut auf und hängt sich die Tasche mit dem Proviant für den Tag um. Sie erklärt den Kindern, dass ein Hirte den ganzen Tag unterwegs ist, und deshalb auch etwas zu essen und zu trinken mitnehmen muss. Dann nimmt sie den Stock. Der Stock ist dazu da, um die Schafe zu leiten oder um mit dem gebogenen Ende ein Schaf aus einer Felsspalte ziehen zu können, wenn es hineingerutscht ist.

83

Die Geschichte

Jetzt braucht der Hirte ja noch eine Herde. Dafür legen wir unsere gesammelten Stoffschafe zu dem Hirten. Alle Kinder, die auch ein Schaf mitgebracht haben, legen es nach vorn zu der Herde.
Dann zählen wir gemeinsam alle Schafe.

(Die größeren Kinder zählen mit.)

Der Hirte sagt den Kindern, dass er seine Schafe lieb hat. Jeden Tag geht er mit seiner Herde los und sucht saftige grüne Wiesen, damit die Schafe genug zu fressen haben. Wenn ein Schaf verletzt ist, dann kümmert er sich darum, dass es wieder gesund wird.
Dann werden die Kinder gefragt, ob sie noch wissen, wie viele Schafe der Hirte jetzt hat. Bei Bedarf wird noch einmal gezählt. Dann sagt der Hirte: »O nein, ich habe aber ... *(hier wird die Anzahl der gezählten Schafe plus eins genannt)* Schafe gehabt. Eins fehlt! Es muss weggelaufen sein. Ich mache mir große Sorgen. Ein Schaf muss sich unterwegs verirrt haben. Jetzt muss ich es suchen!«

(Er geht los und sucht das Schaf.)

Der Hirte ruft: »Kleines Schäfchen, wo bist du?« Dann fragt der Hirte, ob die Kinder nicht suchen helfen können. Es muss sich irgendwo hier in der Kirche versteckt haben.
Die Kinder suchen das Schaf in der Kirche. Wenn es gefunden wird, dann nimmt es der Hirte auf den Arm und streichelt es und redet mit dem Schaf etwa so: »Bist du verletzt? Wie geht es dir? Wo wolltest du denn hin? Hast du uns nicht mehr gefunden oder wolltest du einfach mal eigene Wege gehen? Wie gut, dass wir dich wieder gefunden haben, wir haben dich schon vermisst.

Vertiefung

Die Kinder werden eingeladen, das wiedergefundene Schaf auch zu streicheln.

(Das ist sehr rührend.)

Am Ende der Geschichte wird noch einmal darauf hingewiesen, dass Gott sich genauso freut, wenn er einen Menschen wiedergefunden hat, der verloren war, wie der Hirte sich über das wiedergefundene Schaf freut.

Zachäus

(Lukas 19,1–10)

Material

- Handpuppe Lucy (Anleitung zur Herstellung s. Seite 116)
- Aus der Reihe der religionspädagogischen Biegepüppchen die Figuren: Jesus und drei Jünger (Bezugsadresse s. Seite 120).
- Von den anderen Biegepüppchen dieser Reihe: den kleinen Mann (als Zachäus), einen Mann, eine Frau, ein Kind und den großen Steppenbaum.
- Einen Tisch mit zwei Stühlen (aus einer eigenen Puppenstube oder aus dem örtlichen Spielwarenhandel).
- Mitgebsel: ein Bild zum Ausmalen. Auf der Rückseite wird die Geschichte von Zachäus abgedruckt, wie wir sie erzählt haben (Kopiervorlagen Seite 88).

Begrüßung

Lucy fragt die Kinder, ob sie wissen, wie groß sie sind. Manche Kinder wissen sicher ihre Größe in Zentimetern. Dann erzählt Lucy, dass sie selbst ja ziemlich klein ist. Manchmal kann sie gar nicht gut sehen, wenn andere, die größer sind als sie, vor ihr stehen. Das findet sie richtig dumm. Sie wünscht sich, dass sie schon größer wäre. Das wäre prima. Aber was kann sie denn bloß machen, wenn sie nicht gut sehen kann, weil sie so klein ist. Sie fragt die Kinder nach Ideen.
Sicher kommen dann Vorschläge wie: sich nach vorn durchdrängeln oder irgendwo hinaufklettern. Lucy erzählt, dass es in der Bibel auch eine Geschichte von einem gibt, der Jesus unbedingt sehen wollte. Aber weil so viele Leute um Jesus herum waren, konnte er nichts sehen. Doch dann hatte er eine gute Idee ...

Geschichte

(Wir haben die Geschichte mit den religionspädagogischen Biegepüppchen vorgespielt, s. Abbildungen Seite 86 und 87.
Der Einfachheit halber sind die drei spielenden Personen mit A, B und C benannt. A spielte Jesus und seine Freunde. B spielte die Menschen, die in der Stadt wohnen, die Frau und das Kind und ein Mann. C spielte Zachäus, den kleinen Mann.
Zunächst ist nur der Steppenbaum aufgestellt.)

A: Wir möchten euch heute wieder eine Geschichte von Jesus erzählen.
(Jesus zeigen.)
Das ist Jesus. Er hat einen weißen Umhang an. Heute hat er ein paar Freunde dabei.
(Die Freunde zeigen und vor den Baum stellen.)
Jesus und seine Freunde kommen in eine große Stadt, wo viele Menschen wohnen. Jesus macht eine Pause auf seiner Reise. Er stellt sich unter den großen Baum und will im Schatten des Baumes ausruhen.
(Jesus unter den Baum stellen.)

Die Geschichte

85

Die Geschichte

B: Und dies sind Menschen, die in der Stadt wohnen.
(Menschen zeigen und vor Jesus hinstellen.)

Sie unterhalten sich miteinander: »Jesus ist in unsere Stadt gekommen. Wir wollen ihn sehen. Wir wollen hören, was er uns von Gott erzählt.«

C: Dies ist Zachäus. *(Zachäus hochhalten.)*
Zachäus ist ein reicher Mann. Er ist aber einsam und sitzt allein in seinem Haus.
(Den Tisch und die Stühle hinstellen und Zachäus auf einen Stuhl setzen.)

Niemand will sein Freund sein, weil er andere Menschen betrügt. Da hört er Lärm auf der Straße, er steht auf. *(Zachäus steht auf.)*
»O, was rufen die Leute draußen? – Jesus ist gekommen. Von dem habe ich schon viel gehört. Da muss ich schnell hinlaufen, ich will Jesus auch sehen.«
(Zachäus läuft nach draußen und stellt sich hinter die Leute.)
Zachäus ist aber sehr klein, deshalb kann er Jesus nicht sehen. Da hat er eine Idee. Er klettert schnell auf den Baum, der in der Nähe steht.
(Die Figur des Zachäus wird zum Baum geführt und in die Baumkrone gesetzt.)
Von oben kann er Jesus sehen.

A: Jesus merkt, dass jemand in den Baum geklettert ist.
(Jesus schaut nach oben und hebt die Hand.)

Jesus sagt: »Zachäus, komm schnell, ich möchte heute dein Gast sein und zu dir in dein Haus kommen.«

B: Die anderen Menschen aber, die auch da sind, die mögen Zachäus nicht und regen sich auf: »Was sagt Jesus? Ausgerechnet zu Zachäus, zu dem Betrüger will er ins Haus gehen? Das kann ja wohl nicht sein! Unglaublich.«
(Die Menschen werden bewegt.)

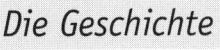

Die Zachäusgeschichte, dargestellt mit den religionspädagogischen Biegepüppchen.

C: Zachäus klettert schnell vom Baum. Er freut sich und bittet Jesus, in sein Haus zu kommen.
(Zachäus klettert vom Baum und geht mit Jesus zu den Stühlen.)

Er sagt: »Bitte setz dich, Jesus. Ich bin so froh, dass du mich gesehen hast. Ich hätte nie gedacht, dass du meinen Namen kennst. Ich bin so froh, dass du zu mir kommst.«
(Beide Figuren werden auf die Stühle gesetzt.)

A: Jesus sagt: »Zachäus, ich komme zu dir, weil ich glaube, dass du dein Leben ändern willst, stimmt das?«

C: Zachäus antwortet: »Ja, Jesus, von heute an ändert sich mein Leben. Ich will den Leuten, die ich betrogen habe, ihr Geld und noch mehr zurückgeben. Und die Hälfte von allem, was ich habe, gebe ich den Armen.«

A: Jesus freut sich und sagt: »Das ist gut so, Zachäus, denke immer daran, dass auch du ein Kind Gottes bist, und dass Gott dich liebt.«

(Aus: Beate Steitz-Röckener, »Meine Malbibel« Nr. 7, Illustration: Andreas Röckener, © Agentur des Rauhen Hauses, Hamburg 1998)

Zachäus, der kleine Mann

Jesus und seine Freunde kommen in eine große Stadt, wo viele Menschen wohnen. Jesus macht eine Pause auf seiner Reise. Er stellt sich unter einen großen Baum und will im Schatten des Baumes ausruhen. Die Menschen, die in der Stadt wohnen unterhalten sich miteinander: »Jesus ist in unsere Stadt gekommen. Wir wollen ihn sehen. Wir wollen hören, was er uns von Gott erzählt.«

Zachäus ist ein reicher Mann in dieser Stadt. Doch er ist einsam und sitzt allein in seinem Haus. Niemand will sein Freund sein, weil er andere Menschen betrügt.

Da hört er Lärm auf der Straße, er steht auf. »O, was rufen die Leute draußen? – Jesus ist gekommen. Von dem habe ich schon viel gehört. Da muss ich schnell hinlaufen, ich will Jesus auch sehen.«

Auf der Straße stehen viele Menschen. Zachäus stellt sich hinter die Leute. Zachäus ist aber sehr klein, deshalb kann er Jesus nicht sehen. Da hat er eine Idee. Er klettert schnell auf den Baum, der in der Nähe steht. Von oben kann er Jesus sehen.

Jesus merkt, dass jemand in den Baum geklettert ist. Er schaut hinauf und sagt: »Zachäus, komm schnell, ich möchte heute dein Gast sein und zu dir in dein Haus kommen.«

Die anderen Menschen aber mögen Zachäus nicht und regen sich auf: »Was sagt Jesus? Ausgerechnet zu Zachäus, zu dem Betrüger will er ins Haus gehen? Das kann ja wohl nicht sein! Unglaublich.«

Zachäus klettert schnell vom Baum. Er freut sich und bittet Jesus, in sein Haus zu kommen.

Als Jesus bei ihm zu Hause ist, sagt Zachäus: »Bitte setz dich, Jesus. Ich bin so froh, dass du mich gesehen hast. Ich hätte nie gedacht, dass du meinen Namen kennst. Ich bin so froh, dass du zu mir kommst.«

Jesus sagt: »Zachäus, ich komme zu dir, weil ich glaube, dass du dein Leben ändern willst, stimmt das?«

Zachäus antwortet: »Ja, Jesus, von heute an ändert sich mein Leben. Ich will den Leuten, die ich betrogen habe, ihr Geld und noch mehr zurückgeben. Und die Hälfte von allem, was ich habe, gebe ich den Armen.«

Jesus freut sich und sagt: »Das ist gut so, Zachäus, denke immer daran, dass auch du ein Kind Gottes bist, und dass Gott dich liebt.«

(nach Lukas 19,1–10)

Maria und Martha

(Lukas 10,38–42)

In der Geschichte von Maria und Martha geht es um die Frage, was jetzt gerade dran ist, was richtig bzw. wichtig in der gegebenen Situation ist, als Jesus zu Besuch kommt.

Ist Jesus schon mal im Haus, dann geht es darum, ihm zuzuhören. Das ist wichtiger als Essen vorzubereiten. Gegen diese Auslegung der Geschichte steht jedoch, dass es ein zentrales Moment Jesu Handelns und Wirkens ist, mit anderen Menschen zu essen.

Aus diesen Überlegungen kamen wir zu einer vielleicht überraschenden, aber für uns einleuchtenden (ausgleichenden) Lösung in der gespielten Geschichte: Martha gesellt sich erst zu Jesus und Maria, um zuzuhören, und danach gehen alle drei in die Küche, um das Essen vorzubereiten. Dann wird gemeinsam gegessen.

Material

— Aus der Reihe der religionspädagogischen Biegepüppchen: Jesus und zwei Frauen als Maria und Martha (Bezugsadresse s. Seite 120).
— Den großen Steppenbaum aus dieser Serie.
— Eine Kücheneinrichtung aus einer Puppenstube: Herd und evtl. ein Topf, ein Tisch mit Stühlen, Holzobst.
— Eine Schürze, die aus einem Stückchen Stoffrest ausgeschnitten wird und die Martha umgehängt bekommt (s. Vorlage Seite 91).
— Mitgebsel: ein Bild zum Ausmalen. Auf der Rückseite wird die Geschichte von Maria und Martha abgedruckt, wie wir sie erzählt haben (Kopiervorlagen Seite 92).

Begrüßung

Die Handpuppe Lucy erzählt den Kindern, dass sie am liebsten mit Mama oder Papa spielt. Aber Mama und Papa haben nicht immer Zeit. Mama und Papa müssen immer so viele Sachen machen, z.B. Essen kochen, Tisch decken, Wäsche waschen, Sachen aufräumen, Saubermachen.
Sie fragt die Kinder: »Ist das bei euch auch so?«
Wenn die Kinder geantwortet haben, dann erzählt sie: »Und wisst ihr was? Ich habe eine tolle Idee gehabt. Als Mama letztens mal ganz viel zu tun hatte, da habe ich ihr geholfen, damit sie schneller fertig wird und dann mit mir spielen kann. Und stellt euch vor, das hat tatsächlich geklappt! Ich habe Mama geholfen, Essen zu kochen und den Tisch habe ich sogar schon ganz allein gedeckt. Dann haben wir gespielt, bis das Essen fertig war. Mein Lieblingsspiel ist übrigens gerade ‚Mensch ärger dich nicht'. Und wenn Mama mir Bücher vorliest, dann finde ich das auch ganz toll. So mache ich das jetzt immer! Ich helfe Mama oder Papa, und dann haben wir noch Zeit, zusammen zu spielen.«

89

Die Geschichte

Geschichte

(Auf einer Seite der Bühne wird der Baum hingestellt, auf der anderen Seite die »Küche«. Zwei Personen spielen die Puppen. A spielt Jesus und Maria und B spielt Martha.)

A: Wir möchten euch heute eine Geschichte vorspielen mit diesen kleinen Püppchen. Zuerst wollen wir euch erzählen, wer diese Püppchen sind: habt ihr eine Idee, wer dieser weiß gekleidete Mensch sein könnte?
(Jesus hochheben) Das ist Jesus.
Er ist mit seinen Freunden unterwegs und zieht von Ort zu Ort. Heute ist er in ein kleines Dorf gekommen. Es heißt Bethanien.
(Jesus geht, bis er mitten auf der Bühne steht.)
Hier wohnen zwei von seinen Freundinnen. Dies hier ist Maria.
(Maria zu Jesus stellen.)

B: Und das hier ist ihre Schwester Martha.
(Martha wird zu den beiden gestellt.)
Sie sagt: »O Jesus, schön, dass du uns besuchen kommst. Komm doch herein und ruh dich aus. Ich mach uns etwas zu essen.«
(Martha bindet die Schürze um und geht in die Küche.)

A: Maria sagt: »Jesus, komm mit in den Garten und erzähle mir, was du alles auf deiner Reise erlebt hast.«
(Beide setzten sich unter den Baum.)

B: *(Martha läuft in der Küche hin und her.)*
»Puh, ich komme ganz schön ins Schwitzen. Wasser holen, im Herd Feuer machen, den Teig für das Brot rühren. So, jetzt kann das Brot in den Ofen. Dann muss nur noch der Tisch gedeckt werden, und der Wein aus der Vorratskammer geholt werden.
(Martha läuft weiter hin und her.)
Hm, wo ist eigentlich Maria?
(Martha schaut sich um.)
Ach, da sitzt sie ja, draußen mit Jesus unter dem Baum, und sie kommt überhaupt nicht auf die Idee, dass sie mir mal helfen könnte. Na warte!«
(Martha geht hinaus, stellt sich vor Jesus hin und sagt:)

»Jesus, merkst du nicht, dass meine Schwester mich allein arbeiten lässt? Sag ihr doch, sie soll mithelfen!«

A: Jesus steht auf: »Ach Martha, du machst dir so viel Mühe für mich und sorgst dich um alles. Du kochst leckeres Essen und machst alles so schön. Das sehe ich wohl. Aber jetzt gerade bin ich doch bei euch, um euch von Gott zu erzählen. Das ist jetzt gerade wirklich wichtig, alles andere kann warten. Das hat deine Schwester Maria ganz richtig erkannt, und das ist auch gut so. Schimpf doch nicht mit ihr.«

B: Martha geht zurück in die Küche: »Was sagt Jesus da? Die Botschaft von Gottes Reich zu hören ist wichtiger als Jesus zu bedienen. Hm. Jedenfalls jetzt gerade. Hm. Na gut. Dann gehe ich jetzt auch in den Garten und setze mich in Ruhe unter den Baum zu Jesus und Maria. Und vielleicht können wir ja nachher alle zusammen das Essen vorbereiten.«
(Martha macht die Schürze ab und setzt sich unter den Baum.)

A: Jesus steht nach einer Weile auf und sagt: »So, jetzt habe ich euch viel von Gott erzählt. Lasst uns jetzt in die Küche gehen, und gemeinsam das Essen vorbereiten.«
(Alle gehen in die Küche. Dann wird etwas zu essen auf den Tisch gelegt, und alle setzen sich auf die Stühle.)

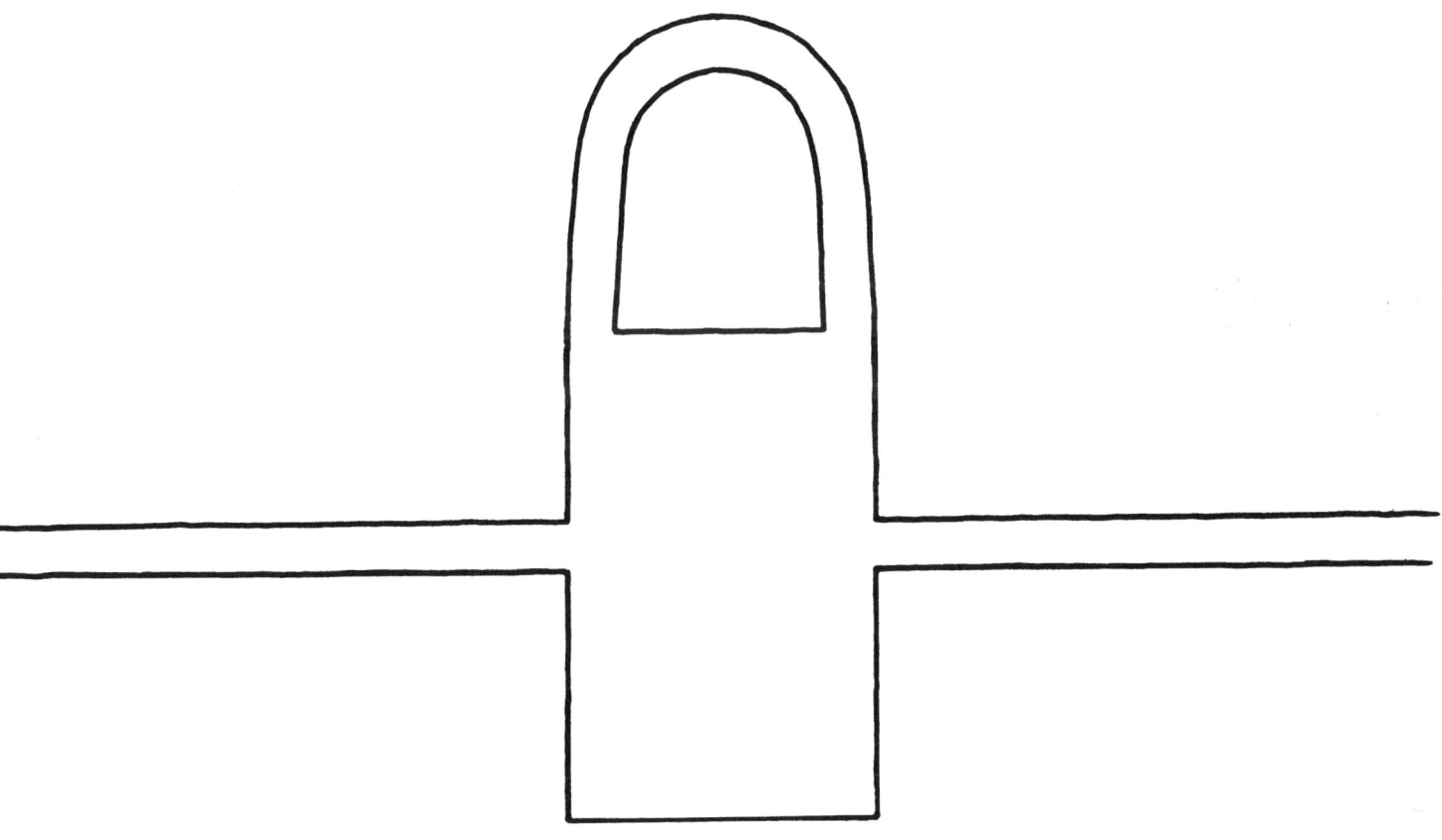

Bastelvorlage für Schürze

91

Maria und Martha

(Aus: Beate Steitz-Röckener, »Meine Malbibel« Nr. 11, Illustration: Andreas Röckener, © Agentur des Rauhen Hauses, Hamburg 2002)

Jesus ist mit seinen Freunden unterwegs und zieht von Ort zu Ort. Heute ist er in ein kleines Dorf gekommen. Es heißt Bethanien.
Hier wohnen zwei von seinen Freundinnen: Maria und ihre Schwester Martha.

Martha sagt: »O Jesus, schön, dass du uns besuchen kommst. Komm doch herein und ruh dich aus. Ich mach uns etwas zu essen.«

Maria sagt: »Jesus, komm mit in den Garten und erzähle mir, was du alles auf deiner Reise erlebt hast.«

Martha läuft in der Küche hin und her: »Puh, ich komme ganz schön ins Schwitzen. Wasser holen, im Herd Feuer machen, den Teig für das Brot rühren. So, jetzt kann das Brot in den Ofen. Dann muss nur noch der Tisch gedeckt werden, und der Wein aus der Vorratskammer geholt werden. – Hm, wo ist eigentlich Maria?«

Sie schaut sich um: »Ach, da sitzt sie ja, draußen mit Jesus unter dem Baum, und sie kommt überhaupt nicht auf die Idee, dass sie mir mal helfen könnte. Na warte!«

Martha geht hinaus, stellt sich vor Jesus hin und sagt: »Jesus, merkst du nicht, dass meine Schwester mich allein arbeiten lässt? Sag ihr doch, sie soll mithelfen!«

Jesus steht auf: »Ach Martha, du machst dir so viel Mühe für mich und sorgst dich um alles. Du kochst leckeres Essen und machst alles so schön. Das sehe ich wohl. Aber jetzt gerade bin ich doch bei euch, um euch von Gott zu erzählen. Das ist jetzt gerade wirklich wichtig, alles andere kann warten. Das hat deine Schwester Maria ganz richtig erkannt, und das ist auch gut so. Schimpf doch nicht mit ihr.«

Martha geht zurück in die Küche: »Was sagt Jesus da? Die Botschaft von Gottes Reich zu hören ist wichtiger als Jesus zu bedienen. Hm. Jedenfalls jetzt gerade. Hm. Na gut. Dann gehe ich jetzt auch in den Garten und setze mich in Ruhe unter den Baum zu Jesus und Maria. Und vielleicht können wir ja nachher alle zusammen das Essen vorbereiten.«

Jesus steht nach einer Weile auf und sagt: »So, jetzt habe ich euch viel von Gott erzählt. Lasst uns jetzt in die Küche gehen, und gemeinsam das Essen vorbereiten.«

(nach Lukas 10,38–42)

Das große Abendmahl

(Lukas 14,15–24)

Wir haben diese Geschichte mit Biegepüppchen (s. Material) vorgespielt. Jedoch haben wir die Rahmengeschichte weggelassen, in der Jesus beim Pharisäer eingeladen ist, weil die Geschichte in der Geschichte für Kinder dieses Alters zu kompliziert ist. Im Anschluss daran verteilten wir kleine Brötchen, die wir gemeinsam aßen: auch wir sind eingeladen, an Gottes Tisch zu sitzen, zu essen, zu feiern und Gemeinschaft zu erleben. So wird die Geschichte der großen Essenseinladung in der Gegenwart fortgesetzt.

Material

— Aus der Reihe der religionspädagogischen Biegepüppchen: einen Mann und die zwölf Jünger (Bezugsadresse s. Seite 120).
— Ein Pferd, auf das ein Biegepüppchen passt (evtl. aus der Barbiepuppenreihe).
— Ein Tisch und Stühle, Sofas oder ähnliche Sitzgelegenheiten, evtl. ein bisschen Wohnzimmermobiliar als Hintergrund (aus der eigenen Puppenstube oder im örtlichen Spielwarenhandel).
— Körbe mit vielen kleinen Brötchen für die anwesenden Kinder und Eltern.
— Mitgebsel: ein Bild zum Ausmalen. Auf der Rückseite wird die Geschichte vom großen Abendmahl abgedruckt, wie wir sie erzählt haben (Kopiervorlagen Seite 95).

Begrüßung

Die Handpuppe Lucy erzählt den Kindern, dass sie gestern mit ihrer Freundin Charly verabredet war: »Aber stellt euch vor, Charly kam einfach nicht. Ich habe versucht, bei ihr zu Hause anzurufen, aber sie war nicht da. Ob sie vergessen hatte, dass wir zusammen spielen wollten? Ich fand das richtig doof. Ich wusste auch gar nicht, was ich machen sollte. Ist euch das auch schon mal passiert? Was habt ihr dann gemacht, oder: was hättet ihr denn an meiner Stelle gemacht, wenn euch so etwas passiert wäre?«

(Hier muss man sich überraschen lassen, was entsteht und dann spontan darauf reagieren.)

Lucy fragt dann, ob es denn nicht auch so eine Geschichte gibt, die Jesus erzählt hat, von einem Mann, der ganz viele zum Essen eingeladen hat, die dann alle nicht gekommen sind?
Die Mitarbeiterin bestätigt das. Lucy möchte gern die Geschichte hören.

Geschichte

Die Geschichte

Dies hier ist ein reicher Mann.
(Die Biegepuppe wird den Kindern gezeigt.)

Er hat viele Freunde und Freundinnen. Eines Tages möchte er alle zu einem Essen einladen. So verschickt er Einladungskarten an alle, die er einladen möchte. Zwei Wochen später bereitet er seine Wohnung vor, während ein wunderbares Essen gekocht wird.

93

Die Geschichte

(Wir bauen die Wohnung auf, die aus Tischen und Stühlen besteht, vielleicht im Hintergrund einige Schränke und Regale, um ein Wohnzimmer anzudeuten. Einige Speisen, evtl. Teile von den Brötchen, werden auf den Tisch gelegt. Der Mann wird dazugestellt.)

Nun ist alles vorbereitet. Aber der Hausherr bleibt allein. Kein Gast kommt. Der Hausherr macht sich Sorgen und denkt: »Meine Gäste werden doch ihre Einladung nicht vergessen haben? Ich schicke mal einen Knecht los, der meine Freunde abholen soll.«

(Ein anderes Biegepüppchen wird auf ein Pferd gesetzt und »reitet« los. Kurz danach kommt er wieder.)

Nach einer Weile kommt der Knecht auf dem Pferd zurück und sagt zu dem Hausherrn: »Dein Freund hat keine Zeit, er hat einen Acker gekauft, den er sich heute ansehen muss.« Der Hausherr sagt: »Reite zu meinem anderen Freund und hole ihn ab. Er wird bestimmt kommen.«

(Der Knecht reitet wieder auf seinem Pferd los und kurz danach kommt er wieder.)

Der Knecht sagt: »Dein Freund hat einen neuen Ochsen gekauft, den muss er begutachten.« Der Hausherr sagt: »Das darf ja wohl nicht wahr sein! Reite nochmal los und hole meinen dritten Freund ab.«

(Der Knecht reitet wieder auf seinem Pferd los und kurz danach kommt er wieder.)

Der Knecht sagt: »Dein dritter Freund hat gerade geheiratet und möchte seine Frau nicht allein lassen.« Der Hausherr ist ärgerlich: »Warum bringt er sie dann nicht einfach mit? Alle lassen mich hier sitzen. Geh du nun nochmal aus dem Haus auf die Straße und hole die Armen und Kranken ins Haus, die du draußen triffst.«

(Der Knecht geht weg und kommt mit ein paar anderen Biegepüppchen wieder. Diese werden auf Stühle gesetzt, so dass noch ein paar Sitzgelegenheiten frei sind.)

Der Hausherr schaut sich das an und sagt: »Es ist ja noch Platz. Geh nochmal raus und lade alle die Menschen ein, die kein Dach über dem Kopf haben, die auf der Straße leben. Sie sollen heute alle in mein Haus kommen und mit mir ein Fest feiern. Sie sollen alle satt werden.«

(Der Knecht läuft nochmal weg und kommt mit weiteren Biegepüppchen wieder, die auf die noch freien Stühle gesetzt werden.)

Und nun fangen alle an zu essen. Alle werden satt. Diese Geschichte hat Jesus erzählt. Er hat gesagt: Gott ist wie ein Hausherr, der alle zu sich einlädt, damit alle mitfeiern können und satt werden. Und auch wir sind eingeladen, zu Gott zu kommen, so wie ihr heute alle in die Kirche gekommen seid. Für alle hier am Tisch *(auf die Szene mit den Biegepüppchen deuten)* ist genug da, und auch für uns ist zu essen da.

Vertiefung

Umsetzung bzw. Weiterführung

An dieser Stelle verteilen wir die Brötchen an die Kinder und Eltern und essen gemeinsam.

Das große Abendmahl

Dies hier ist ein reicher Mann. Er hat viele Freunde und Freundinnen. Eines Tages möchte er alle zu einem Essen einladen. So verschickt er Einladungskarten an alle, die er einladen möchte. Zwei Wochen später bereitet er seine Wohnung vor, während ein wunderbares Essen gekocht wird.

Nun ist alles vorbereitet. Aber der Hausherr bleibt allein. Kein Gast kommt. Der Hausherr macht sich Sorgen und denkt: »Meine Gäste werden doch ihre Einladung nicht vergessen haben? Ich schicke mal einen Knecht los, der meine Freunde abholen soll.«

Nach einer Weile kommt der Knecht auf dem Pferd zurück und sagt zu dem Hausherrn: »Dein Freund hat keine Zeit, er hat einen Acker gekauft, den er sich heute ansehen muss.« Der Hausherr sagt: »Reite zu meinem anderen Freund und hole ihn ab. Er wird bestimmt kommen.«

Der Knecht sagt: »Dein Freund hat einen neuen Ochsen gekauft, den muss er begutachten.« Der Hausherr sagt: »Das darf ja wohl nicht wahr sein! Reite nochmal los und hole meinen dritten Freund ab.«

Der Knecht sagt: »Dein dritter Freund hat gerade geheiratet und möchte seine Frau nicht allein lassen.« Der Hausherr ist ärgerlich: »Warum bringt er sie dann nicht einfach mit? Alle lassen mich hier sitzen. Geh du nun nochmal aus dem Haus auf die Straße und hole die Armen und Kranken ins Haus, die du draußen triffst.«

Der Hausherr schaut sich das an und sagt: »Es ist ja noch Platz. Geh nochmal raus und lade alle die Menschen ein, die kein Dach über dem Kopf haben, die auf der Straße leben. Sie sollen heute alle in mein Haus kommen und mit mir ein Fest feiern. Sie sollen alle satt werden.«

Und nun fangen alle an zu essen. Alle werden satt. Diese Geschichte hat Jesus erzählt. Er hat gesagt: Gott ist wie ein Hausherr, der alle zu sich einlädt, damit alle mitfeiern können und satt werden. Und auch wir sind eingeladen, zu Gott zu kommen. Für alle hier am Tisch ist genug da, und auch für uns ist zu essen da.

(nach Lukas 14,15–24)

(Aus: Beate Stettz-Röckener, »Meine Malbibel« Nr. 8, Illustration: Andreas Röckener, © Agentur des Rauhen Hauses, Hamburg 1999)

Der heilige Laurentius

In unserem Vorbereitungsteam arbeitete eine Frau aus Italien mit, die uns vom Brauchtum am Fest des heiligen Laurentius erzählte, das am 10. August gefeiert wird. Dieses Thema schien sich besonders gut für eine »Mini-Gute-Nacht-Kirche« in den Sommerferien zu eignen.

In den Nächten um den 10. August herum kann man besonders viele Sternschnuppen am Himmel beobachten. Sie stammen aus dem alljährlichen Sternschnuppenschwarm, der vom 20.7.–19.8. aus dem Sternbild Perseus ausstrahlt. Am 12.8. erreicht dieser periodische Meteorschwarm des nördlichen Himmels sein Maximum von 300 Sternschnuppen pro Stunde.

Die Sternschnuppen werden auch »Laurentiustränen« genannt, weil sie an den ermordeten Laurentius erinnern, der für viele Menschen in Not so etwas wie ein leuchtender Stern in der Dunkelheit gewesen ist. Sein Todestag soll der 10. August (im Jahre 258) gewesen sein.

Material

— Sieben Püppchen (Dazu können Apostelfiguren aus der Reihe der religions-pädagogischen Biegepüppchen genommen werden. Bezugsadresse s. Seite 120):
   Ein Biegepüppchen wird als Laurentius verwendet.
   Drei andere, die mit löchrigen und zerschlissenen dunklen Stoffresten als arme Leute »verkleidet« werden.
   (Dazu wird bei einem Stückchen Stoff einfach ein Loch für den Kopf in der Mitte eingeschnitten und der Stoff über den Kopf der Figur gehängt, sozusagen als Umhang. Ein Schnittmuster finden Sie auf der rechten Seite.)
   Ein Biegepüppchen, das als Richter mit einem schwarzen Umhangstoff versehen wird.
   Zwei Biegepüppchen, die mit blau schimmernden Stoffen als Reiter (römische Soldaten) verkleidet werden. Für die beiden Soldaten zwei passende Pferde aus dem Spielzeugfundus etwa von Barbiepuppen.
— Puppenstubenmöbel: einen Tisch und vier Stühle (Spielwarenhandel).
— Einen kleinen Pappkarton als Höhle zum Verstecken.
— Einen großen Pappkarton als Haus.
— Einen kleinen Korb (Bastel- oder Spielzeugladen) mit Brot darin.
— Drei ausgemalte Sternschnuppen (s. Kopiervorlage Seite 99)
— Mitgebsel: ein Sternschnuppenbild zum Ausmalen, auf dessen Rückseite die Geschichte des heiligen Laurentius zum Vorlesen steht (s. Kopiervorlagen Seite 100)

Begrüßung

Die Handpuppe Lucy erzählt, was sie in der letzten Nacht Tolles gemacht hat. Sie durfte nämlich in einem Zelt im Garten übernachten. Und nicht nur das, sie durfte auch ganz lange aufbleiben, weil nämlich eine ganz besondere Nacht war: die Laurentiusnacht.

Als es langsam immer dunkler am Himmel wurde, konnte sie immer mehr Sterne sehen. Zuerst den Abendstern, der ist am hellsten. Aber dann auch immer mehr andere Sterne. Und dann gab es Sternschnuppen zu sehen. Ganz viele.

Lucy fragt die Kinder, ob sie wissen, was Sternschnuppen sind.

(Das werden natürlich nur einige Kinder wissen.)

Lucy erklärt, dass eine Sternschnuppe aussieht wie ein Stern, der ganz schnell über den Himmel flitzt. Eigentlich so wie ein Leuchtstrich. Und das geht so schnell, kaum ist der Strich da, ist er auch schon wieder weg. Und immer wenn Lucy eine Sternschnuppe sieht, dann wünscht sie sich ganz leise etwas. Ihre Oma hat gesagt: »Wenn du eine Sternschnuppe siehst, dann wünsch dir etwas, es geht bestimmt in Erfüllung.«

Naja, und dann hat Lucy ganz viele solcher Sternschnuppen gesehen und sich eben auch ganz viel gewünscht. Und heute hat sie auch eine Sternschnuppe gemalt. *(Sie zeigt den Kindern das Bild.)*

Ihre Oma hat erzählt, die Nacht heißt »Laurentiusnacht«, aber sie kannte die Geschichte von Laurentius nicht ganz genau. Lucy wendet sich zur Erzählerin und fragt, ob die nicht heute ihr und den Kindern mal die Geschichte von Laurentius erzählen könnte.

Die Erzählerin sagt, dass sie das heute vorhat, weil es auch noch in den nächsten Nächten ganz viele Sternschnuppen zu sehen gibt. Und die Sternschnuppen heißen auch »Laurentiustränen«. Warum, das erzählt sie nachher.

Geschichte

Vor ganz langer Zeit lebte einmal ein Mann, der hieß Laurentius. Er war Christ, denn er glaubte an Gott und an Jesus Christus.

(Das Laurentiuspüppchen hochhalten.)

Er lebte in einer Zeit, in der es noch verboten war, der christlichen Religion anzugehören, weil das dem Kaiser nicht gefiel. So durften sich die Christen eigentlich nicht versammeln, und wenn sie es taten, dann mussten sie das heimlich und versteckt tun. So wie diese drei Christen hier.

(Die drei armselig gekleideten Biegepüppchen hochhalten.)

Sie trafen sich in einem Haus, an dem die Fensterläden alle zu waren, so dass sie niemand von draußen sehen konnte.

(Der große Pappkarton wird mit der Öffnung nach vorn zu den Kindern gestellt. Er stellt das Haus dar, wo die Christen sich treffen. In den Karton werden der Tisch und die Stühle gestellt, und die drei armen Leute werden auf die Stühle gesetzt.)

So, jetzt konnte sie niemand sehen.

Doch manchmal bekamen die Soldaten des Kaisers Hinweise, wo sich Christen trafen, und dann kamen sie auf ihren Pferden geritten, um die Christen zu verhaften.

(Jemand anders lässt die zwei Soldaten auf den Pferden langsam von der rechten Seite zu dem Pappkarton reiten.)

Aber Laurentius hatte seine Augen und Ohren überall. Er bekam immer alles mit. Er konnte deshalb die Christen frühzeitig warnen, so dass sie sich verstecken konnten, bevor die Soldaten sie fanden.

Er sagte zu den Menschen: »Los, kommt schnell mit mir mit! Ihr müsst euch verstecken, die Reiter des Kaisers kommen.«

(Laurentius kommt von der linken Seite, winkt den Armen zu, die aufstehen und nach links das Haus verlassen und sich unter dem »Höhlenpappkarton« verstecken.)

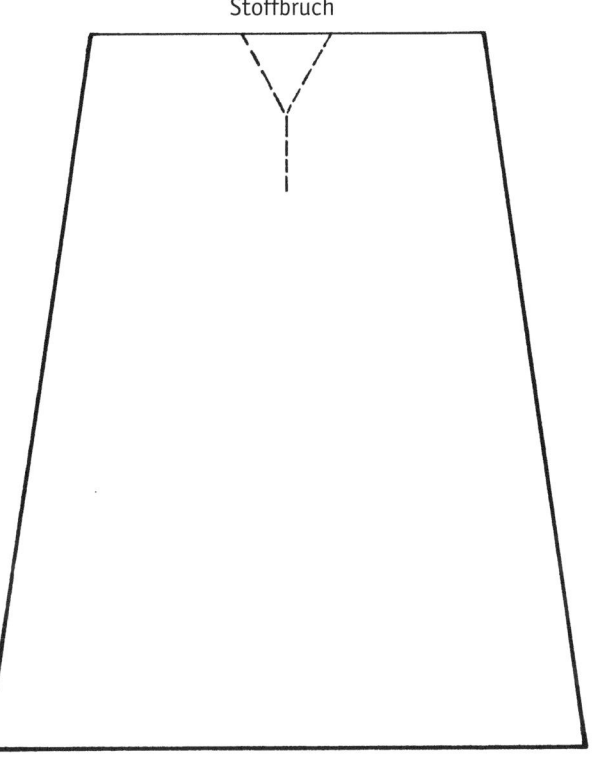

Die Geschichte

Stoffbruch

Die Geschichte

Da haben die Christen wieder Glück gehabt. Laurentius hat sie rechtzeitig gewarnt. Als die Soldaten kamen, war das Haus leer.

(Die Soldaten reiten weiter und dringen in das leere Haus ein.)

Laurentius konnte auch traurige Menschen trösten und ihnen wieder Mut machen, wenn sie Angst hatten. Am besten ging das, wenn er mit den Menschen betete.

(Laurentius und ein Armer stehen zusammen, Laurentius legt den Arm um den anderen, dann knien sich beide hin und beten.)

Und Laurentius schaffte es auch immer wieder, etwas zu essen für die hungrigen Menschen zu besorgen.

(Laurentius bringt einen Korb mit Brot zu dem Haus und legt das Brot auf den Tisch, die anderen Biegepüppchen werden auf die Stühle gesetzt und bleiben da sitzen.)

Alle waren froh, dass sie etwas zu essen bekamen. So viel Gutes tat Laurentius den Menschen, weil er sagte: »Gott hat uns alle lieb; das ist das Wichtigste.« Und es wurde sogar erzählt, dass Laurentius einen Blinden wieder sehend gemacht hatte!
Eines Tages wurde es ganz gefährlich für alle. Es wurde dem Kaiser erzählt, dass die Christen große Schätze mit lauter Gold hätten. Und der Kaiser, der mächtigste Herrscher im Land war sehr geldgierig. Er schickte seine Soldaten aus, damit sie die Christen fangen und ihnen das Gold wegnehmen sollten. Und die Soldaten schafften es tatsächlich, Laurentius gefangen zu nehmen.

(Die Soldaten kommen auf den Pferden und nehmen Laurentius im Haus gefangen.)

Sie brachten ihn vor einen Richter.

(Der Richter wird Laurentius gegenüber gestellt.)

Der Richter fragte ihn sofort: »Wo sind eure Schätze versteckt?« Laurentius sagte: »Gib mir drei Tage Zeit, dann schaffe ich sie dir herbei.« Und Laurentius durfte wieder gehen. Nach drei Tagen kam er und brachte arme, zerlumpte und verhungerte Leute mit.

(Laurentius kommt mit den drei Armen vor den Richter.)

Laurentius sagte: »Hier sind unsere Schätze, die uns unser Gott anvertraut hat. Er will, dass wir für Menschen in Not eintreten.« Der Richter wurde so zornig, dass er Laurentius sofort töten ließ.

(Laurentius wird weggenommen.)

Alle Christen, denen Laurentius vorher Gutes getan hatte, weinten sehr um ihn. Er war wie ein leuchtender Stern in der Dunkelheit ihrer Angst und Not gewesen. Und es heißt, dass auch die Tränen von Laurentius wie Sternschnuppen vom Himmel fielen.

(Die Sternschnuppenbilder werden über der Szenerie hin- und herbewegt.)

Und so denken wir heute bei den vielen Sternschnuppen, die wir am Himmel sehen, an den heiligen Laurentius, der den Menschen von Gottes Liebe erzählte, und ihnen half, wo er nur konnte. Heute ist das zum Glück anders: wir können uns in einer großen Kirche treffen und gemeinsam beten und Geschichten von Gott hören, ohne dass wir uns verstecken müssen.

Die Geschichte vom heiligen Laurentius

Vor ganz langer Zeit lebte einmal ein Mann, der hieß Laurentius. Er war Christ, denn er glaubte an Gott und an Jesus Christus. Er lebte in einer Zeit, in der es noch verboten war, der christlichen Religion anzugehören, weil das dem Kaiser nicht gefiel. So durften sich Christen eigentlich nicht versammeln, und wenn sie es taten, dann mussten sie das heimlich und versteckt tun. Sie trafen sich in einem Haus, an dem die Fensterläden alle zu waren, so dass sie niemand von draußen sehen konnte. Doch manchmal bekamen die Soldaten des Kaisers Hinweise, wo sich Christen trafen, und dann kamen sie auf ihren Pferden geritten, um die Christen zu verhaften.
Aber Laurentius hatte seine Augen und Ohren überall. Er bekam immer alles mit. Er konnte deshalb die Christen frühzeitig warnen, so dass sie sich verstecken konnten, bevor die Soldaten sie fanden.
Er sagte zu den Menschen: »Los, kommt schnell mit mir mit! Ihr müsst euch verstecken, die Reiter des Kaisers kommen.«
Da haben die Christen wieder Glück gehabt. Laurentius hat sie rechtzeitig gewarnt. Als die Soldaten kamen, war das Haus leer.

Laurentius konnte auch traurige Menschen trösten und ihnen wieder Mut machen, wenn sie Angst hatten. Am besten ging das, wenn er mit den Menschen betete.
Und Laurentius schaffte es auch immer wieder, etwas zu essen für die hungrigen Menschen zu besorgen. Alle waren froh, dass sie etwas zu essen bekamen. So viel Gutes tat Laurentius den Menschen, weil er sagte: »Gott hat uns alle lieb; das ist das Wichtigste.« Und es wurde sogar erzählt, dass Laurentius einen Blinden wieder sehend gemacht hatte!

Eines Tages wurde es ganz gefährlich für alle. Es wurde dem Kaiser erzählt, dass die Christen große Schätze mit lauter Gold hätten. Und der Kaiser, der mächtigste Herrscher im Land war sehr geldgierig. Er schickte seine Soldaten aus, damit sie die Christen fangen und ihnen das Gold wegnehmen sollten. Und die Soldaten schafften es tatsächlich, Laurentius gefangen zu nehmen. Sie brachten ihn vor einen Richter. Der Richter fragte ihn sofort: »Wo sind eure Schätze versteckt?« Laurentius sagte: »Gib mir drei Tage Zeit, dann schaffe ich sie dir herbei.« Und Laurentius durfte wieder gehen. Nach drei Tagen kam er und brachte arme, zerlumpte und verhungerte Leute mit. Laurentius sagte: »Hier sind unsere Schätze, die uns unser Gott anvertraut hat. Er will, dass wir für Menschen in Not eintreten.« Der Richter wurde so zornig, dass er Laurentius sofort töten ließ.

Alle Christen, denen Laurentius vorher Gutes getan hatte, weinten sehr um ihn. Er war wie ein leuchtender Stern in der Dunkelheit ihrer Angst und Not gewesen. Und es heißt, dass auch die Tränen von Laurentius wie Sternschnuppen vom Himmel fielen.
Und so denken wir heute bei den vielen Sternschnuppen, die wir am Himmel sehen, an den heiligen Laurentius, der den Menschen von Gottes Liebe erzählte, und ihnen half, wo er nur konnte.

Ich bin ich und du bist du

(Drei Einheiten)

In dieser Reihe geht es um ein kleines Eichhörnchen, das nicht mehr Eichhörnchen, sondern ein anderes Tier sein möchte: zunächst ein Kätzchen, dann ein Äffchen und zum Schluss ein Löwe. Die neue Identität scheint erst einmal reizvoll und aufregend zu sein. Beim näheren Ausprobieren stößt es jedoch auf Hindernisse, die es dazu bringen, doch wieder lieber ein Eichhörnchen sein zu wollen.

Im Spiel werden entsprechende Stofftiere als Erzählfiguren eingesetzt. Mit den Kindern soll dann »am eigenen Leib« erarbeitet werden, wie sie sind, äußerlich oder innerlich, und was sie miteinander verbindet oder auch voneinander trennt:

Sie sehen unterschiedlich aus und dürfen so sein wie sie sind, und das ist gut so (1). Sie dürfen auch Nein sagen, wenn sie nicht wollen, dass ihnen jemand zu nahe kommt (2). Und sie dürfen laut oder leise sein, mal so und mal so, wie sie eben sind (3).

In der Begrüßung führt die Handpuppe Lucy bereits in das jeweilige Thema ein, das dann in der Geschichte aufgenommen und in der Umsetzung mit den Kindern noch einmal »durchgearbeitet« wird.

Am Schluss der Einheit, also nach dem dritten Mal, wird die ganze Geschichte den Kindern als Kopie mitgegeben (s. Seite 106).

1. Einheit: Ich bin ich, und das ist gut so

Material

— Handpuppe Lucy (Anleitung zur Herstellung s. Seite 116)
— Stofftiere: ein Eichhörnchen, eine große Katze, zwei kleine Kätzchen.
— Eine kleine Maus, egal aus welchem Material.
— Mitgebsel: ein kleiner runder Handspiegel (in Drogeriemärkten günstig zu bekommen).

Begrüßung

In der Begrüßung führt die Handpuppe Lucy die Kinder in das Thema ein. Sie erzählt, dass heute ein Tag ist, an dem sie alles doof findet. Auch sich selber mag sie gar nicht leiden. Ihre Nase ist irgendwie zu groß und ihre Haare haben eine blöde Farbe (rot), und außerdem ist die Frisur so zottelig. Das T-Shirt hat sie auch schon so lange an. Also heute mag sie sich selber einfach gar nicht.

Geschichte

(Entsprechend der folgenden Inhaltsangabe wird die Erzählung mit den Stofftieren in wörtlicher Rede gespielt und dabei nach Belieben ausgeschmückt.)

Die Geschichte

Das kleine Eichhörnchen stellt sich den Kindern vor: Es lebt mit seiner Familie auf einem Baum. Es hüpft von Ast zu Ast und frisst Nüsse. Meistens macht das Spaß, aber manchmal findet es sein Leben auch ziemlich langweilig. Es

101

Die Geschichte

könnte sich vorstellen, dass es manchmal auch ganz aufregend sein könnte, jemand anders zu sein.

Da kommen zwei kleine Katzen vorbei, die miteinander spielen. Das kleine Eichhörnchen sieht die beiden und fragt, ob es nicht ebenso eine Katze sein könnte, denn es hat ja auch vier Pfoten, zwei Ohren und einen Schwanz. Das könnte doch ganz lustig sein.

Nach einigem Zögern stimmen die beiden Kätzchen zu und laden das Eichhörnchen ein, mit ihnen nach Hause zu kommen. Die Katzenmutter lässt sich auch überreden. Abends kuscheln sich die Kätzchen und das Eichhörnchen zum Schlafen in ein Körbchen.

Am nächsten Morgen kommt die Katzenmutter und bringt eine Maus zum Frühstück. Die kleinen Kätzchen freuen sich und stürzen sich auf die Maus, während das Eichhörnchen entsetzt einen Sprung nach hinten macht. Es weigert sich, eine Maus zu essen, weil es ja viel lieber Nüsse isst. Die Katzenmutter sagt: »Wer eine Katze sein will, muss auch Mäuse fressen.«

Da beschließt das Eichhörnchen doch lieber wieder ein Eichhörnchen zu sein und verabschiedet sich von den Katzen. Als es wieder zu Hause auf seinem Baum sitzt und ein paar Nüsse knabbert, ist es doch ganz froh, ein Eichhörnchen zu sein und keine Katze.

Vertiefung

Umsetzung

Jedes Kind bekommt einen kleinen Taschenspiegel in die Hand und darf sich betrachten: Alle haben Augen, aber die Augenfarbe ist unterschiedlich. Die Kinder werden aufgefordert im Spiegel ihre Augenfarbe festzustellen. Es entwickelt sich ein Gespräch, welche unterschiedlichen Augenfarben die Kinder haben. Und dann stehen alle Kinder mit der gleichen Augenfarbe auf.

Danach schauen sich die Kinder im Spiegel ihre Haarfarbe an und stehen auch in Gruppen je nach ihrer Haarfarbe auf. Im Anschluss sprechen wir noch über das Lieblingsessen der Kinder.

Als Mitgebsel dürfen die Kinder den Taschenspiegel mitnehmen.

2. Einheit: Nein sagen

Material

— Handpuppe Lucy (Anleitung zur Herstellung s. Seite 116)
— Stofftiere: ein kleines Eichhörnchen, zwei oder drei Affen
— Mitgebsel: Papierschwerter (so genannt bei Jako-O) bzw. Neck-Spirale (so genannt bei Pappnase). Es handelt sich dabei um ein aufgerolltes langes Papier am Ende eines Griffs, das sich auf ca. 150 cm lang entrollen kann, wenn das Papierschwert mit einem Ruck nach vorn geschleudert wird. Danach rollt es sich wieder zusammen (Bestelladressen s. Seite 120).

Begrüßung

Lucy erzählt, dass gestern wieder ihr Onkel Alfred zu Besuch war. Und das findet sie immer ganz schön blöd, denn wenn der kommt, dann will er sie immer zur Begrüßung auf den Mund küssen. Das kann sie überhaupt nicht leiden. Das findet sie richtig eklig und sie versucht immer, sich wegzudrehen.

Überhaupt kann sie es auch nicht leiden, wenn ihr Leute, die sie gar nicht kennt, einfach beim Einkaufen über den Kopf streicheln. Dann dreht sie sich auch immer weg. Sie will nicht einfach von anderen angefasst und geküsst werden. Und da hat sie ja auch das Recht dazu.

Geschichte

Die Geschichte

(Entsprechend der folgenden Inhaltsangabe wird die Erzählung wieder mit Stofftieren in wörtlicher Rede gespielt und dabei nach Belieben ausgeschmückt.)

Das kleine Eichhörnchen stellt sich den Kindern vor: Es lebt mit seiner Familie auf einem Baum. Es hüpft von Ast zu Ast und frisst Nüsse. Meistens macht das Spaß, aber manchmal findet es sein Leben auch ziemlich langweilig. Es könnte sich vorstellen, dass es manchmal auch ganz aufregend sein könnte, jemand anders zu sein.

Da klettert es von seinem Baum und begegnet einem Äffchen, das so lustig herumturnt. Das Eichhörnchen findet das toll und möchte auch so ein Äffchen sein. Es bittet, auch ein Äffchen sein zu dürfen, denn es hat ja genauso vier Pfoten, zwei Ohren und einen Schwanz. Das könnte ja ganz lustig sein als Äffchen. Nach anfänglichem Zögern stimmt das Äffchen zu und nimmt das Eichhörnchen mit nach Hause. Dort sind noch andere Äffchen. Die sind ein lustiges Völkchen und fangen an, das Eichhörnchen zu necken und auch ein bisschen zu ärgern. Das mag das Eichhörnchen aber gar nicht und sagt: »Lasst das, ich mag das nicht.« Dann sagt ein Affe: »Wenn du ein Affe sein willst, dann gehört das dazu. Wir finden das schön, wir mögen das gern.«

Da beschließt das Eichhörnchen, dass es doch kein Affe, sondern lieber wieder ein Eichhörnchen sein will und geht nach Hause. Auf seinem Baum fühlt es sich nun viel wohler, weil da keiner ist, der es andauernd anfassen will.

Umsetzung

Vertiefung

Mit den Kindern wird besprochen, was sie gerne spielen: Was mögen sie gern, und was mögen sie gar nicht gern. *(Wir erinnern noch einmal an Lucy und an das Eichhörnchen.)*

Was hat das Eichhörnchen gesagt, als es nicht geärgert werden wollte: »Lass das!« Die Kinder werden ermutigt, das auch mal auszuprobieren. Wir verteilen Papierschwerter an die Kinder. Die bestehen aus einem Hölzchen, auf das dick Papier aufgerollt ist. Wenn das Hölzchen in der Hand gehalten und ruckartig nach vorn geschleudert wird, dann rollt sich das Papier auf und wird zu einem »Abstandhalter« aus Papier, zu einer Art Papierschwert. Das können die Kinder ausprobieren. Wenn sie Abstand wollen, dann können sie das Papierschwert benutzen oder auch den Arm ausstrecken, oder auch »Nein« sagen.

(Es sah toll bunt aus, als vierzig Kinder die Papierschwerter in der Kirche ausprobierten und machte großen Spaß.)

▷ ▷ ▷ **103**

3. Einheit: Wir können laut oder leise sein

Material

— Zwei Handpuppen: Lucy und Paul (Anleitung zur Herstellung s. Seite 116)
— Stofftiere: ein kleines Eichhörnchen, zwei bis drei Löwen
— Mitgebsel: eine Kopie der kompletten Geschichte vom kleinen Eichhörnchen
(s. Seite 106)

Begrüßung

Lucy hat heute ihren Freund Paul mitgebracht, ob die Kinder ihn noch kennen? Sie erzählt, dass sie ganz viel zusammen spielen. Manchmal schreit sie ganz laut beim Spielen, aber Paul mag das nicht so gerne. Paul erzählt, dass ihm dann immer die Ohren weh tun, wenn Lucy so herumschreit. Er mag es lieber ein bisschen leiser. Er kann auch gar nicht so laut schreien wie Lucy. Oder jedenfalls nur ganz selten!

Die Geschichte

Geschichte

(Entsprechend der folgenden Inhaltsangabe wird die Erzählung wieder mit Stofftieren in wörtlicher Rede gespielt und dabei nach Belieben ausgeschmückt.)

Das kleine Eichhörnchen stellt sich den Kindern vor: Es lebt mit seiner Familie auf einem Baum. Es hüpft von Ast zu Ast und frisst Nüsse. Meistens macht das Spaß, aber manchmal findet es sein Leben auch ziemlich langweilig. Es könnte sich vorstellen, dass es manchmal auch ganz aufregend sein könnte, jemand anders zu sein.
Und jetzt hat es gerade mal wieder so richtig die Nase voll davon, ein Eichhörnchen zu sein. Da kommt ein Tier, das das Eichhörnchen noch nie gesehen hat. Das Tier sieht viel größer und mächtiger aus als es selbst. Das Eichhörnchen fragt das Tier, was es ist.
Der Löwe stellt sich vor. Das Eichhörnchen ist beeindruckt und will auch ein Löwe sein, denn es hat ja auch vier Pfoten, zwei Ohren und einen Schwanz wie der Löwe. Der Löwe ist nach anfänglichem Zögern einverstanden.
Sie gehen zusammen los und treffen noch einen Löwen. Als der das Eichhörnchen sieht, brüllt er zur Begrüßung ganz laut. Das Eichhörnchen erschreckt sich sehr. So eine Lautstärke ist es gar nicht gewohnt. Bei ihm zu Hause im Baum ist es immer so schön still. »Sei doch nicht so laut, das tut ja meinen Ohren weh«, bittet es den Löwen. Der sagt zu dem Eichhörnchen: »Wenn du ein richtiger Löwe sein willst, dann musst du auch brüllen können.«
Da beschließt das Eichhörnchen, dass es kein Löwe sein will und geht wieder nach Hause auf seinen Baum, wo es so schön still ist. Es überlegt, dass es überhaupt nichts anderes als ein Eichhörnchen mehr sein will. Und zwar ganz bestimmt und für immer.

Vertiefung

Umsetzung

Die Kinder werden gefragt, ob sie auch ganz laut sein können. Das sollen sie jetzt mal hören lassen. Welche Spiele machen sie gern, die laut sind?
Und wie ist das mit dem Leisesein: Was machen sie denn gern, was ganz leise ist. Sie sammeln: malen, puzzeln, lesen, usw. Die Kinder stehen in Gruppen auf: wer macht lieber laute Spiele, wer macht lieber leise Spiele.

Erweiterung der Reihe

Die Geschichte kann in zusätzlichen Einheiten noch weiter entwickelt werden, indem das Eichhörnchen noch andere Tiere trifft. Zum Schluss kann das Eichhörnchen, um die Geschichte abzurunden, ein anderes Eichhörnchen treffen. Den ganzen Tag spielen die beiden, es ist gar nicht mehr langweilig, sie wollen immer zusammenbleiben. Abends kuscheln sie sich zusammen in den Baum zum Schlafen, am nächsten Tag spielen sie wieder den ganzen Tag, nach einer Weile werden kleine Eichhörnchenbabys geboren, und die Eichhörnchen haben ganz viel zu tun, nämlich Futter für die kleinen Eichhörnchenbabies suchen, Geschichten erzählen, kuscheln und Lieder singen. Jetzt ist das Leben wunderschön und gar nicht mehr langweilig, und das Eichhörnchen ist froh, ein Eichhörnchen zu sein.

Die Geschichte vom kleinen Eichhörnchen

(Ich bin ich und das ist gut so)

Ein kleines Eichhörnchen lebt auf einem Baum mit seiner Familie. Tagsüber hüpft es von Ast zu Ast und spielt mit den Blättern des Baumes. Es sucht Nüsse, die es gerne isst. Meistens macht das Spaß. Aber eines Tages findet es sein Leben ziemlich langweilig und möchte am liebsten jemand anders sein.

Da klettert es von dem Baum hinunter und will mal schauen, wen es so trifft. Da sieht es zwei kleine Kätzchen, die miteinander spielen. Das kleine Eichhörnchen denkt: so ein lustiges Kätzchen möchte ich auch gern mal sein. Und es geht zu den Kätzchen und sagt zu den beiden: »Ich möchte auch gern so ein Kätzchen sein wie ihr.« »Du?«, sagen die beiden erstaunt, »du siehst aber doch ganz anders aus als wir!«

Da sagt das Eichhörnchen: »Aber ich habe doch auch zwei Ohren und vier Pfoten und einen Schwanz, genau wie ihr.« »Hm, das stimmt!«, sagen die Kätzchen. Und nach einigem Überlegen bieten die beiden dem Eichhörnchen an: »Dann komm doch mal mit zu uns nach Hause.« Zu Hause staunt die Katzenmutter, wen die beiden Kätzchen da mitbringen, aber sie ist einverstanden. Abends kuscheln sich die Kätzchen und das Eichhörnchen zum Schlafen in das Katzenkörbchen. Am nächsten Morgen kommt die Katzenmutter und bringt eine Maus zum Frühstück. Die kleinen Kätzchen freuen sich und stürzen sich auf die Maus, während das Eichhörnchen entsetzt einen Sprung nach hinten macht. Es weigert sich, eine Maus zu essen, weil es ja lieber Nüsse isst. Die Katzenmutter sagt: »Wer eine Katze sein will, muss auch Mäuse fressen.«

Da beschließt das Eichhörnchen, doch lieber wieder ein Eichhörnchen zu sein und verabschiedet sich von den Katzen.

Erst ist das Eichhörnchen ein bisschen traurig, aber als es dann wieder auf seinem Baum sitzt und Nüsse knabbert, ist es doch ganz froh, keine Katze zu sein und Mäuse fressen zu müssen.

Aber eines Tages findet das kleine Eichhörnchen das Leben auf dem Baum wieder so langweilig. Da klettert es von dem Baum herunter und will mal schauen, wen es so trifft. Da begegnet ihm ein Äffchen, das herumturnt. Das Eichhörnchen findet das toll und möchte auch so ein Äffchen sein. Es sagt zu dem Äffchen: »Ich möchte auch so ein lustiges Äffchen sein wie du.« Da staunt das Äffchen: »Du? Aber du siehst doch ganz anders aus als ich!« Da sagt das Eichhörnchen: »Aber ich habe doch auch zwei Ohren und vier Pfoten und einen Schwanz genau wie du!« Das Äffchen sagt: »Hm, das stimmt! Na dann komm doch mal mit mir nach Hause!« Und es nimmt das Eichhörnchen mit. Dort sind noch andere Äffchen. Die Äffchen sind ein lustiges Völkchen und fassen das Eichhörnchen gleich an, kitzeln es und ärgern es auch ein bisschen. Das mag das Eichhörnchen aber gar nicht und sagt: »Lasst das, ich mag das nicht.« Aber einer der Affen sagt: »Wenn du ein Affe sein willst, dann gehört das dazu. Wir finden das schön, wir mögen das gern.« Da sagt das Eichhörnchen: »Ich mag das aber überhaupt nicht.« Da sagt das Äffchen: »Wenn dir das nicht gefällt, dann kannst du kein Affe sein.« Da beschließt das Eichhörnchen, dass es doch kein Affe, sondern lieber wieder ein Eichhörnchen sein will und geht nach Hause. Erst ist es ein bisschen traurig, aber dann, als es auf dem Baum sitzt und nicht angefasst und nicht geärgert wird, ist es doch ganz froh, dass es kein Affe ist.

Nach einer Weile ist dem Eichhörnchen mal wieder ziemlich langweilig. Es klettert von seinem Baum und will mal schauen, wen es so trifft. Da kommt ein Tier, so eines hat das Eichhörnchen noch nie gesehen. Das Tier sieht viel größer und mächtiger aus als es selbst. Das Eichhörnchen fragt es: »Was bist du denn für ein Tier?« Das Tier sagt: »Ich bin ein Löwe.« Das Eichhörnchen ist beeindruckt und sagt: »Ich möchte auch gern ein Löwe sein wie du.« Da staunt der Löwe: »Du? Aber du siehst doch ganz anders aus als ich!« Das Eichhörnchen erwidert: »Ja, aber ich habe doch auch zwei Ohren und vier Pfoten und einen Schwanz genau wie du.« Der Löwe ist einverstanden und sagt: »Na gut, dann komm mal mit zu mir nach Hause.« Sie gehen zusammen los und treffen noch einen anderen Löwen. Als der das Eichhörnchen sieht, brüllt er zur Begrüßung ganz laut. Das Eichhörnchen erschreckt sich sehr. So eine Lautstärke ist es gar nicht gewohnt. Bei ihm zu Hause im Baum ist es immer so schön still. »Sei doch nicht so laut, das tut ja meinen Ohren weh«, sagt es zum Löwen. Der sagt zu dem Eichhörnchen: »Wenn du ein richtiger Löwe sein willst, dann musst du auch brüllen können.« Da sagt das Eichhörnchen: »Nein, dass gefällt mir nicht.« »Dann kannst du auch kein richtiger Löwe sein«, sagen die Löwen.

Da ist das Eichhörnchen zuerst ein bisschen traurig, aber als es auf seinem Baum sitzt und alles so schön ruhig ist, da gefällt es ihm wieder, ein Eichhörnchen zu sein, und es ist froh, kein Löwe zu sein.

Gemeinsam brauchen wir keine Angst zu haben

(»Swimmy«)

Die Geschichte »Swimmy« von Leo Lionni ist vielen Eltern und Kindern bekannt. Wir wollen sie den Kindern erzählen und mit selbst gebastelten Pappfischen und Meerestieren vorspielen. Das Thema der Geschichte ist die Überwindung der Angst. Viele kleine Fische formieren sich zu einem großen Fisch und überwinden so ihre Angst vor den Gefahren im Meer.

Kinder haben auch Ängste, die sollen benannt werden. Bereits in der Begrüßung suchen wir gemeinsam nach Möglichkeiten, der Angst zu begegnen und sie gegebenenfalls zu überwinden. Die Geschichte von »Swimmy« stellt eine originelle Möglichkeit der Angstüberwindung vor. Gleichzeitig weist sie auf die Angst mindernde Wirkung von Gemeinschaft hin.

(Auch bei Taufen in Familiengottesdiensten ist dies ein schönes Anspiel zur Illustration des Bibelverses 2. Timotheus 1,7: »Gott hat uns nicht gegeben den Geist der Furcht, sondern der Kraft und der Liebe und der Besonnenheit.« Danach müsste dann aber auch noch eine Kurzansprache für die Erwachsenen folgen.)

Material

- 2–3 kleine rote Fischchen,
- einen kleinen schwarzen Fisch (= »Swimmy«),
- einen dicken schwarzen Thunfisch,
- einen Hummer,
- eine Seeschlange,
- glänzende Fische,
- eine zauberhafte Unterwasserlandschaft (vgl. auch Foto S. 112),
- eine Qualle mit farbigen Fäden (hergestellt aus einer transparenten Plastiktüte),
- für den Abschluss der Geschichte: auf einer großen blauen Pappe wird ein großer Fisch gebastelt, der aus vielen kleinen roten Fischen und einem schwarzen Fisch als Auge zusammengesetzt ist (siehe Skizze S. 108 und Foto S. 112).
  Alle Materialien werden aus farbigen Pappen gefertigt, die nach Belieben noch mit Tusche bemalt werden können (siehe Kopiervorlagen Seiten 109–111).
  Die Unterwasserlandschaft und die glänzenden Fische können noch mit gold- und silberfarbenem Glanzpapier dekoriert werden.
- Mitgebsel: Die Kinder bekommen eine selbst hergestellte Malvorlage (s. Seite 108 unten), auf deren Rückseite die Geschichte von »Swimmy« zum Vorlesen abgedruckt ist (s. Seite 112).

Begrüßung

Die Handpuppe Lucy fragt die Kinder, ob sie manchmal auch Angst haben. Es entwickelt sich ein kleines Gespräch darüber, in welchen Situationen die Kinder Angst bekommen. Nach einer ersten Wahrnehmung der Angst überlegen wir gemeinsam, was den Kindern dann helfen kann: Sie rufen jemanden, der bei ihnen bleibt. Sie können jemandem erzählen, was ihnen Angst macht; wenn es heller im Zimmer wird, wenn sie mit anderen zusammen der Angst begegnen können.

Je nach den Ängsten, die vorher genannt werden, wäre es gut, mit passenden Ideen darauf einzugehen. Dabei können die Ideen der Handpuppe Lucy in den Mund gelegt werden, die dann aus ihrem selbst erlebten Erfahrungsschatz berichtet.

Die Geschichte

Die Geschichte

Die Geschichte wird – nach der abgedruckten Vorlage zum Mitgeben (S. 112) – erzählt, dabei werden die entsprechenden Pappfische hochgehoben. Die Erzählerin spielt die Geschichte direkt nach. Mit ein bisschen Übung ist das nicht schwer. Eine andere Variante wäre, dass eine die Geschichte vorliest und zwei andere sie gleichzeitig mit den Papptieren spielen.

Umsetzung

Die Illustration unten auf ein DIN-A-4-Blatt kopieren, dabei um einen DIN-Sprung (= auf 141 %) vergrößern.   ▽

Gemeinsam sind wir groß und verlieren unsere Angst. Wie die vielen kleinen Fische sich zu einem großen Fisch zusammengefunden haben, versuchen wir mit den Kindern auch einen großen Fisch zu bilden *(dabei gehen die Kinder in die Hocke)* und machen ein Foto davon!

Swimmy

Irgendwo in einer Ecke des Meeres lebte einmal ein Schwarm kleiner glücklicher Fische. Sie waren alle rot. Nur einer von ihnen war schwarz. Schwarz wie die Schale der Miesmuschel. Aber nicht nur in der Farbe unterschied er sich von seinen kleinen Schwestern und Brüdern: Er schwamm auch schneller. Sein Name war Swimmy.

Eines schlimmen Tages kam ein Thunfisch in diese Ecke des Meers gebraust, ein schneller grimmiger, überaus hungriger Bursche. Der verschlang alle kleinen roten Fische mit einem einzigen Maulaufreißen. Nur ein Fisch entkam ihm. Das war Swimmy. Erschrocken, traurig und einsam wedelte der kleine Swimmy hinaus ins große, große Meer.

Nun ist das Meer aber voller wunderbarer Geschöpfe, die Swimmy in seiner heimatlichen Meeresecke nie gesehen hatte. Als der große Ozean ihm Wunder um Wunder vorführte, wurde er bald wieder so munter wie ein Fisch im Wasser. Ein Fisch im Wasser war er ja, wenn auch nur ein kleiner.

Zuerst sah Swimmy die Meduse, die Qualle. Er fand sie wunderbar. Sie sah aus, als wäre sie aus Glas, und sie schillerte in allen Farben des Regenbogens. Dann sah Swimmy eine Art lebenden Schaufelbagger. Das war der Hummer. Gleich darauf schwammen sehr seltsame Fische an ihm vorbei, leise und gleichmäßig, als ob sie von unsichtbaren Fäden gezogen würden. Dem kleinen, munteren Swimmy waren sie ein bisschen unheimlich.

Bald aber war Swimmy wieder heiter. Er durchschwamm einen prächtigen Märchenwald. Einen Wald aus Meeresalgen, die auf bonbonbunten Felsen wuchsen. Swimmy kam aus dem Staunen nicht mehr heraus. Jetzt begegnete er nämlich einem Aal, der ihm unendlich lang erschien. Als Swimmy endlich wild wedelnd am Kopf des Aales angekommen war, konnte er sich schon nicht mehr an die Schwanzspitze erinnern. Ein Wunder schloss sich an das andere an. Das nächste waren die Seeanemonen. Sie schwangen in der Strömung sanft hin und her, wie rosa Palmen, vom Wind bewegt.

Dann jedoch glaubte Swimmy seinen Augen nicht zu trauen: Er sah einen Schwarm kleiner roter Fische. Hätte er nicht gewusst, dass sein eigener Schwarm verschlungen und verschwunden war: Er hätte die Fische für seine Schwestern und Brüder gehalten.

»Kommt mit ins große Meer!«, rief er ihnen munter zu. »Ich will euch viele Wunder zeigen!«

»Geht nicht«, antworteten die kleinen roten Fische ängstlich. »Dort würden uns die großen Fische fressen! Wir müssen uns im sicheren Felsenschatten halten.«

Die Antwort der kleinen Fische machte Swimmy nachdenklich. Er fand es traurig, dass der Schwarm sich nie ins offene Meer trauen durfte. »Da muss man sich etwas ausdenken!«, dachte er. Und er dachte nach. Er überlegte und überlegte und überlegte. Und endlich hatte er einen Einfall. »Ich hab's!«, rief er fröhlich. »Lasst uns etwas ausprobieren!«

Da Swimmy den kleinen roten Fischen gefiel, befolgten sie seine Anweisungen: Sie bildeten einen Schwarm in einer ganz bestimmten Form. Jedes Fischchen bekam darin seinen Platz zugewiesen. Als der Schwarm diese bestimmte Form angenommen hatte, da war aus den vielen kleinen roten Fischen ein großer Fisch geworden, ein Fisch aus Fischen, ein Riesenfisch. Es fehlte dem Fisch nur das Auge. Also sagte Swimmy: »Ich spiele das Auge!« Dann schwamm er als kleines schwarzes Auge im Schwarm mit.

Jetzt traute sich der Schwarm endlich hinaus ins offene Meer, hinaus in die große Welt der Wunder. Niemand wagte mehr, sie zu belästigen. Im Gegenteil: Selbst die größten Fische nahmen vor dem Schwarm Reißaus.

Und so schwimmen viele kleine rote Fische, getarnt als Riesenfisch, immer noch glücklich durch das Meer und Swimmy fühlt sich in seiner Rolle als wachsames Auge sehr, sehr wohl.

Leo Lionni

(Aus: Leo Lionni, »Swimmy«
1992/2004 Beltz & Gelberg in der Verlagsgruppe Beltz, Weinheim &
Basel)

Es tut gut, Freunde zu haben

(Handpuppenspiel)

Im Hintergrund dieses Themas steht die Erfahrung von Kindern, sich manchmal zu langweilen und dann froh zu sein, Freunde und Freundinnen zu haben, mit denen gespielt werden kann. Die Freude und Dankbarkeit darüber soll sichtbar in einer geschenkten Blume zum Ausdruck gebracht werden.

Material

— zwei Handpuppen,
— ein Korb mit folgenden Spielsachen: kleine Flöte, Buch, Puzzle, Barbiepuppe, Puppenkochtopf,
— eine echte Blume oder eine aus Plastik (Bastelgeschäft),
— Sonnenblumenkerne,
— wenn vorhanden evtl. zwei Spielzeugtelefone (es lässt sich aber auch pantomimisch darstellen),
— Mitgebsel: ein Bild von einer Sonnenblume zum Ausmalen (mit einem kleinen Text zur gespielten Geschichte auf der Rückseite) und Sonnenblumenkörner.

Begrüßung

Die Handpuppe Lucy erzählt den Kindern, was sie heute schon alles gespielt hat (alles Dinge, mit denen sie allein gespielt hat: Buch gelesen, Puzzle, Barbiepuppen, Malen). Dann fragt sie die anwesenden Kinder, was die heute gespielt haben.

Geschichte

(Die beiden Handpuppen Lucy und Charlie werden vorgestellt.)

Die Geschichte

Lucy: Ich weiß heute gar nicht mehr, was ich tun soll.
Ich habe *Flöte* geübt, ich habe alle meine *Bücher* gelesen, ich kann *Puzzles* nicht mehr ausstehen, ich habe mit meinen *Barbiepuppen* gespielt, ich habe *Gemüsesuppe gekocht*. Ich habe mein Zimmer aufgeräumt.
(Im Hintergrund werden die entsprechenden Gegenstände aus einem Korb genommen und hochgehalten, wenn sie genannt werden.)

Mir ist langweilig, langweilig, laaaaaaangweilig!
Vielleicht sollte ich mal Charlie, meine beste Freundin, anrufen.
(Nimmt den Telefonhörer und wählt.)

Charlie: *(klingelingeling)* Hallo, hier ist Charlie.

Lucy: Hier ist Lucy. Hallo Charlie.

Charlie: Hallo Lucy, schön, dass du anrufst. Was machst du gerade?

Lucy: Nichts.

113

Die Geschichte

Charlie: Nichts?

Lucy: Mir ist so langweilig!

Charlie: Wollen wir zusammen spielen?

Lucy: Au ja! Das wäre total toll!

Charlie: Soll ich gleich mal rüberkommen?

Lucy: Jetzt gleich?

Charlie: Ja, jetzt gleich!

Lucy: Hast du denn jetzt Zeit?

Charlie: Ja, ich habe auch nichts Besonderes zu tun. Ich bin froh, dass du angerufen hast. Ich komme jetzt.

Lucy: Toll. Ich komme dir entgegen! Tschüß, bis gleich.

Charlie: Bis gleich! Tschüß.

Lucy: *(total begeistert)* Toll! Charlie ist meine beste Freundin. Ich freue mich, dass sie kommt! Ich pflücke ihr eine Blume und laufe ihr entgegen.
(Sie nimmt die Blume. Charlie und Lucy laufen aufeinander zu, und Lucy überreicht ihre Blume.)

Wenn wir jemanden gern mögen, dann können wir das zeigen, indem wir eine Blume verschenken! Vor allem, wenn du eine Freundin oder einen Freund hast, der mit dir spielt, wenn du alleine und einsam bist.

Du kannst die Blume ausmalen und das Bild jemandem schenken!

Du hast ein paar Körner bekommen. Wenn du sie in die Erde in einen Blumentopf einpflanzt und regelmäßig gießt, dann wächst bald eine Sonnenblume daraus. Wenn es draußen warm ist, kannst du sie dann nach draußen pflanzen.

Bastelanleitung für die Handpuppen

Material für eine Handpuppe

— Filz:
   rot (20 x 14 cm) für den Mund
   weiß und schwarz für die beiden Augen
— Ein Jerseystoff oder ein anderer weicher Stoff für den Kopf und die Arme (140 x 45 cm),
— eine mitteldicke Pappe (20 x 14 cm) für den Mund,
— Nähgarn in der Farbe des Stoffes,
— flüssiger Klebstoff,
— Schaumstoffstreifen von 1,5 cm Breite und Höhe, ca 60 cm lang,
— Füllstoff (Füllwatte, Zauberwatte),
— ein langer Kochlöffel (um den Füllstoff in die langen Arme zu stopfen),
— Haarteile für Kopfhaar und Augenbrauen,
— ein ca. 80 cm langer stabiler Draht (z.B. einen Drahtbügel aus der Reinigung),
— ein Kindersweatshirt oder Kleidchen nach Belieben (etwa Größe 116).

Das angegebene Material findet man in der Stoffabteilung großer Kaufhäuser und in Bastelgeschäften.

Herstellung

▷ Die Vorlagen für den Kopf, Arme und den Mund kopieren und vergrößern *(die Maße sind bei den Zeichnungen Seite 118/119 angegeben.)*

▷ Den Stoff so in der Mitte falten, dass er rechts auf rechts und im Maß 45 x 70 cm liegt. Die Vorlagen für den Kopf und die Arme wie im Zuschneideplan *(rechts)* auf den Stoff legen und ausschneiden.

▷ Die beiden Kopfteile zusammennähen, so dass der Hals und der Mund offen bleiben. *(Das sind in der Vorlage S. 119 die mit **a** bezeichneten geraden Linien.)*

▷ Die Arme rechts auf rechts zusammennähen, so dass die mit **a** bezeichnete Seite offen bleibt. Dann die rechte Seite nach außen drehen.

▷ Die Vorlage für den Mund *(Seite 118)* je einmal aus rotem Filz und aus Pappe ausschneiden und beide zusammenkleben. Den Mund in der Mitte knicken, damit die roten Filzseiten aufeinander liegen.

▷ Die Öffnung für den Mund auf der roten Seite des Mundes an den Kopf *(rechts auf rechts; wobei die rote Seite als rechts gilt)* nähen.

▷ Den Schaumstoffstreifen innen um den Mund herum ankleben *(das ergibt den Eindruck von Lippen)*. Dann den Kopf mit der rechten Seite nach außen drehen und mit dem Füllstoff den oberen Teil ausfüllen, so dass man bequem hineingreifen und mit der Hand den Mund bewegen kann.

▷ Die Arme mit Füllstoff ausstopfen. Bei den Armen kann er mit einem Kochlöffel gut festgestopft werden.

▷ Die Arme an den Kopfseiten ca. 8 cm oberhalb des unteren Randes (vom Hals) annähen.

▷ Eine Knubbelnase aus den Stoffresten basteln und ebenfalls annähen.

▷ Zwei Augen aus Filz ausschneiden (je Auge einen etwas größeren weißen Kreis von ca. 3 cm Durchmesser und einen kleineren schwarzen Kreis von ca. 2 cm Durchmesser). Den schwarzen Kreis auf den weißen Kreis kleben, dann in das Gesicht kleben.

▷ Aus den Haarteilen Kopfhaare und Augenbrauen annähen.

▷ Der Puppe etwas anziehen (s. Material Seite 116). Das Kleidungsstück am Hals festnähen oder mit Sicherheitsnadeln befestigen. Den linken Arm vorn ungefähr in der Mitte am Kleidungsstück festnähen.

▷ Den Drahtbügel zu einem langen Stück auseinander biegen. Dann an beiden Enden umbiegen. Das eine Ende um das rechte Handgelenk der Puppe biegen, das andere Ende so umbiegen, dass insgesamt eine Länge von 60 cm entsteht. Mit dem Draht kann nun der Arm der Puppe geführt werden. Bei Bedarf die scharfen Drahtenden abkleben.

Benötigte Zeit für die Herstellung einer Puppe: ca. 5 Stunden.

Zuschnittplan für die Handpuppe

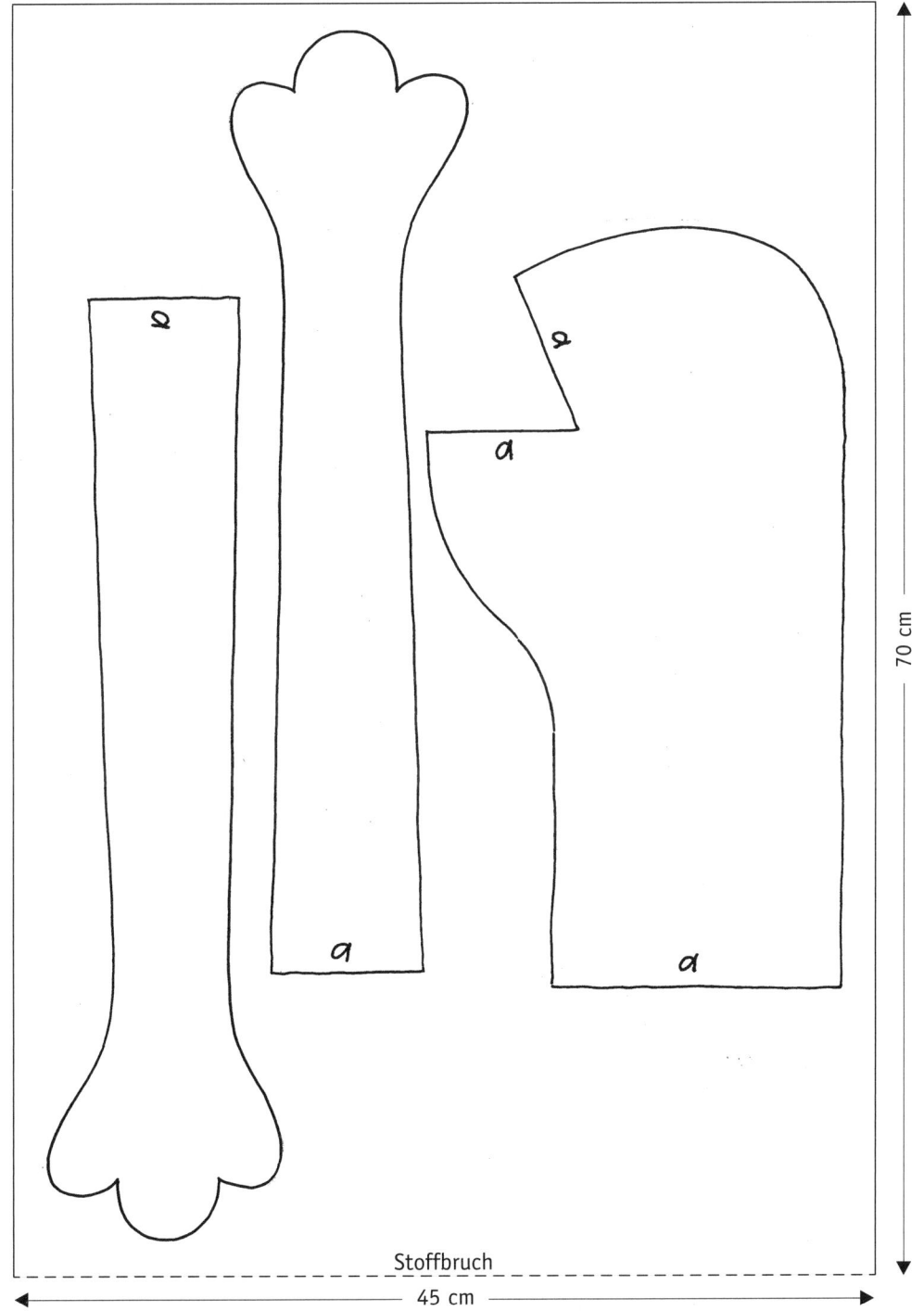

70 cm

Stoffbruch

45 cm

Die Autorin (rechts) und zwei Mitarbeiterinnen (v.l.: Barbara Pyrsch und Anja Struckmann) mit ihren selbst gebastelten Handpuppen.

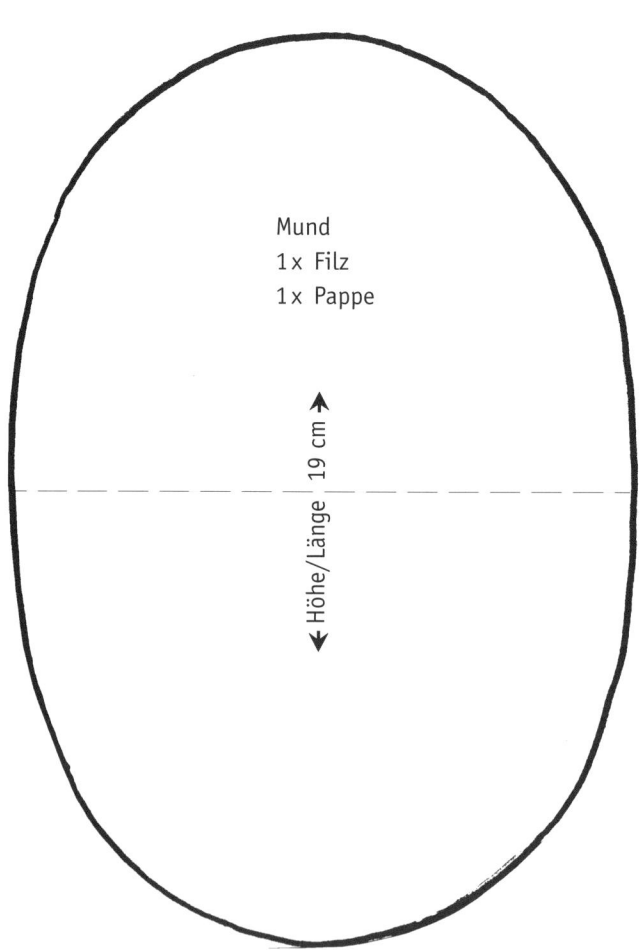

Mund
1 x Filz
1 x Pappe

← Höhe/Länge 19 cm →

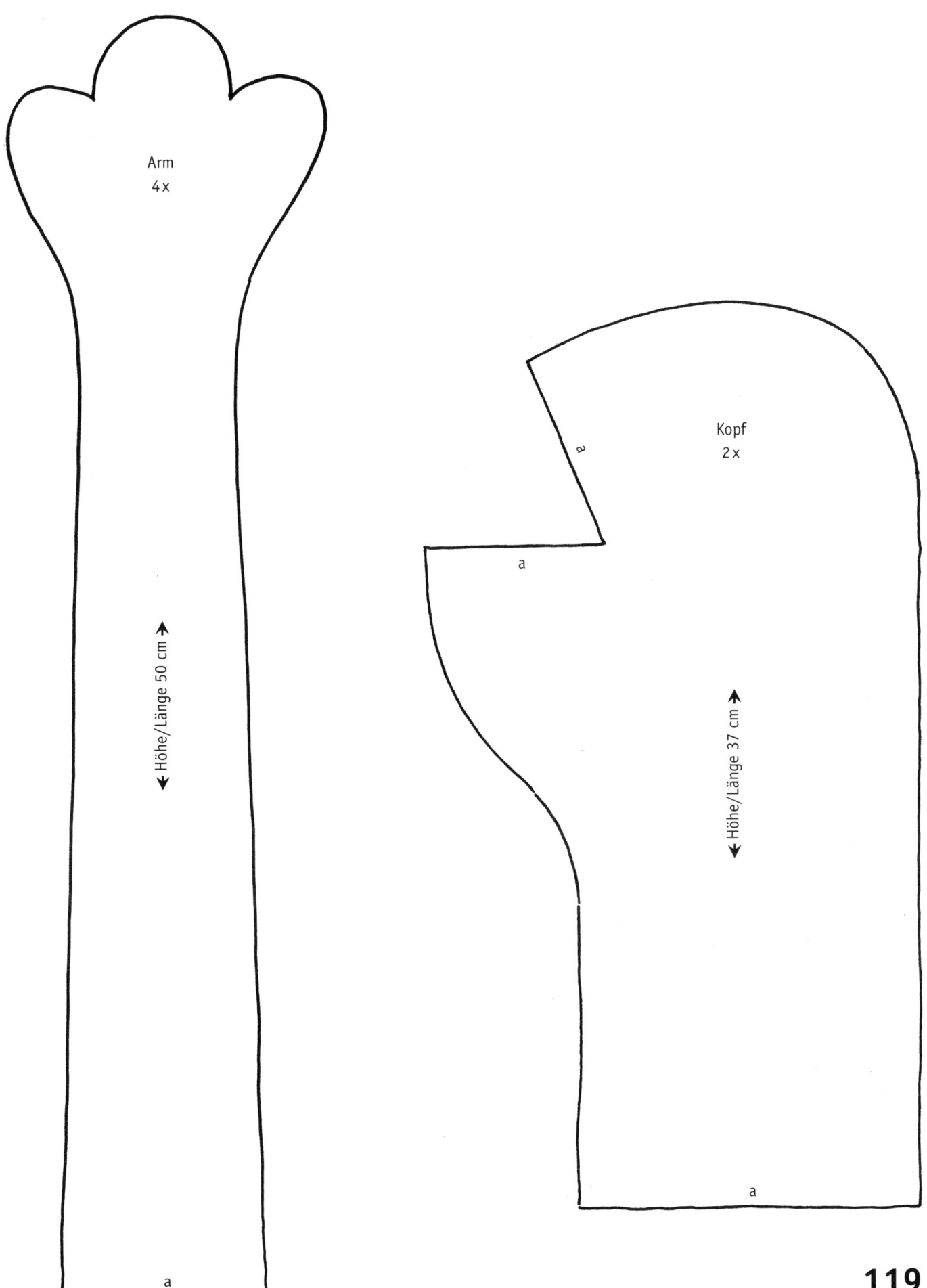

Arm
4 x

Höhe/Länge 50 cm

a

Kopf
2 x

a

a

Höhe/Länge 37 cm

a

119

Literatur und Material

Bücher

»Gott, du bist so gut«, Verlag Katholisches Bibelwerk und Verlag Junge Gemeinde

»Ich bete wie Jesus«, Verlag Katholisches Bibelwerk und Verlag Junge Gemeinde

»Das verlorene Schaf«, Verlag der Jugendfreund

Klie, Thomas (Hg.): »Der Religion Raum geben. Eine kirchenpädagogische Praxishilfe«, Loccum 1999

Margarete Luise Goecke-Seischab, Frieder Harz, »Komm, wir entdecken eine Kirche. Räume erspüren, Bilder verstehen, Symbole erleben«, Kösel Verlag, München, 2. Aufl. 2002

Birgit Neumann, Antje Rösener, »Kirchenpädagogik. Kirche öffnen, entdecken und verstehen«, Gütersloher Verlagshaus, Gütersloh 2003

König, Hermine, »Das große Jahresbuch für Kinder. Feste feiern und Bräuche neu entdecken«. Kösel Verlag, München 2001

Kutik, Christiane: »Das Jahreszeitenbuch«. Verlag Freies Geistesleben, Stuttgart, 8. Auflage 2000

Pixibüchlein »Bartimäus«, Deutsche Bibelgesellschaft, Stuttgart

Westhof, Jochem (Hg.): »Willkommen in der Familienkirche!«, Gütersloher Verlagshaus, Gütersloh 2003

Ausmalhefte
(Aus ihnen sind viele der abgedruckten Kopiervorlagen entnommen.)

»Komm, mal mit mir. Ein Ausmalbuch mit Bibelbildern zum Kirchenjahr«, Deutsche Bibelgesellschaft, Stuttgart 2000

»Komm, mal mit mir 2. Ein Ausmalbuch mit Geschichten von Jesus«, Deutsche Bibelgesellschaft, Stuttgart 2003

»Meine Malbibel«, Agentur des Rauhen Hauses, Hamburg.
(In jährlicher Folge sind inzwischen mehrere Jahrgänge erschienen. Ältere Jahrgänge sind allerdings nur noch bedingt lieferbar.)

Versandhandel für Material und Mitgebsel

VJG Buch Versand, Postfach 10 03 55, 70747 Leinfelden-Echterdingen, Tel. 0711/9 90 78-0, Fax 0711/9 90 78-25, E-Mail: vertrieb@junge-gemeinde.de

Verlag Der Jugendfreund, Postf. 10 03 55, 70747 Leinfelden-Echterdingen, Tel. 0711/97 87 87-0, Fax 0711/97 87 87-6, E-Mail: auslieferung@jugendfreund.de

Handelshaus Legler oHG, Holzspielzeugversand, Achimer Str. 7, 27755 Delmenhorst, Tel. 04221/9 73 02-0 *(Katalog für Großkunden, z.B. Kirchengemeinden, anfordern.)*

Pappnase & Co. GmbH, Von-Essen-Str. 76, 22081 Hamburg, Tel. 040/29 81 04-10, Internet: www.PAPPNASE.de *(Katalog anfordern.)*

Tücher und Legematerial:

Verlag Junge Gemeinde, Postfach 10 03 55, 70747 Leinfelden-Echterdingen, Tel. 0711/9 90 78-0, Fax 0711/9 90 78-25, E-Mail: vertrieb@junge-gemeinde.de

RPA-Verlag, religionspädagogische Arbeitshilfen GmbH, Gaußstr. 8, 84030 Landshut, Tel. 0871/7 32 37 *(Weitere Informationen zu den lieferbaren Materialien direkt anfordern.)*

Religionspädagogische Biegepüppchen:

VJG Buch Versand, Postfach 10 03 55, 70747 Leinfelden-Echterdingen, Tel. 0711/9 90 78-0, Fax 0711/9 90 78-25, E-Mail: vertrieb@junge-gemeinde.de

Lieferbar sind zur Zeit: Jesus, Jünger, drei Hirten, zwei Frauen, ein Mädchen, ein kleiner (Zachäus) und ein größerer Beduine (Pharisäer, Richter u.a.). Durch einen einfachen Stoffüberwurf können die Figuren der Jünger auch zu anderen Personen umgestaltet werden. Außerdem gibt es einen Steppenbaum und einen Ziehbrunnen. – Weitere Informationen, Preise und Prospekt auf Anfrage.

Weihrauch und Myrrhe:
Hier gibt es mehrere Möglichkeiten:

1. In der katholischen Nachbargemeinde anfragen, ob eine kleine Menge zur Verfügung gestellt wird oder wo die Naturstoffe bezogen werden können.

2. Fa. Gerhard Eggebrecht, Doppelreihe 1a, 25361 Süderau, Tel. 04824/31 47.

3. Fa. C. Ludwig, Postfach 95 02 67, 81518 München, Tel. 089/6 92 63 10

Die Preise für 100 gr liegen für Myrrhe bei 7,70 Euro, für Weihrauch ab 1,30 Euro. Darauf achten, dass ein großkörniges Granulat genommen wird, bei dem möglichst noch Naturrinde zu sehen ist.